dtv

... achtundvierzig deutsche Gestalten (und einige mehr, weil manchmal zwei oder ein paar als Ensemble oder Typus erscheinen), denen siebenundzwanzig deutsche Autoren auf ganz unterschiedliche Weise beizukommen suchen: in schlichten Lebenslauf-Berichten, in einzelnen Szenen, in kleinen Charakterstudien, in historischen oder erfundenen Dialogen, in echten oder fingierten Briefen, in Erinnerungen, in kritischen oder selbstkritischen Betrachtungen, in spielerischen Erfindungen...

Das Vorwort gibt Auskunft über die Absicht des Buches und über seine Entstehung. Das Inhaltsverzeichnis hinten im Buch nennt die Autoren und die Dargestellten.

Hartmut von Hentig, Sten Nadolny u. a.

DEUTSCHE GESTALTEN

Deutscher Taschenbuch Verlag

Originalausgabe
1. Auflage Juli 2004
Ein größerer Teil der Texte stand erstmals im Band dtv 12036
vgl. das Vorwort
Deutscher Taschenbuch Verlag GmbH & Co. KG, München
Copyright bei den Autoren
Redaktion Langewiesche-Brandt
Umschlagkonzept: Balk & Brumshagen
Umschlagbild: Caspar David Friedrich (1774-1840),
Zwei Männer, den Mond betrachtend (um 1819 /20)
Satz: W Design, Coesfeld
Druck und Bindung: Druckerei C.H. Beck, Nördlingen
Gedruckt auf säurefreiem, chlorfrei gebleichtem Papier
ISBN 3-423-13218-3. Printed in Germany

Hartmut von Hentig

Vorwort zu «Deutsche Gestalten»

«Deutsche Gestalten» das ist eine recht gestaltlose Ansage. Die dabei von dem Wort «deutsch» erwartete Eingrenzung verlangt nach einer deutlichen Vorstellung von Deutschheit. Eine solche haben die Herausgeber nicht. Sie haben sie auch nicht bei den Autoren vorausgesetzt. Das Attribut «deutsch» war vielmehr nur eine gleichsam gestrichelte Linie um deutsche Landschaften von Kärnten bis Friesland und vom Baltikum bis zum Bodensee und um die Zeit nach «Germanien» bis heute, innerhalb derer die dargestellte Person gelebt und gewirkt haben sollte. Das Wort «deutsch» wollte nicht mehr Gefühle oder Gedanken oder Urteile auslösen als «made in Germany» oder «deutscher Wein und deutscher Sang».

Soviel aber doch! Denn wie der Vorgänger zu diesem Buch, «Deutschland in kleinen Geschichten», soll die hier vorgelegte Sammlung Menschen vor allem in anderen Ländern eine erste – oder zweite oder dritte – Begegnung mit unserem Land ermöglichen. Eine «zweite oder dritte», weil ein lesender und das heißt aufmerksamer Mensch in dieser Welt in der Regel schon eine «erste» Begegnung gehabt haben dürfte – mit deutschen Touristen oder Geschäftsleuten, mit Volkswagen oder Mercedes, in Zeitungen oder im Fernsehen, in einer Bayer- oder Siemens-Reklame, in einer Erinnerung: Reformation, Zeppelin, Holocaust und nicht zuletzt in dem erwähnten dtv-Band 12036.

So muss dem Leser nur etwas über das Zustandekommen und die damit verbundenen Absichten dieses Buches gesagt werden. Beides ist für das Verständnis nicht unwichtig.

Unmittelbar nach der weltgeschichtlichen Wende, die mit dem Namen Gorbatschow verbunden bleiben wird, gab es in Ländern des nun «ehemaligen» sowjetischen Machtbereichs große Neugier auf die Lebensart der westlichen Nachbarn und unter ihnen vor allem des einstigen Kriegsgegners und Besiegten, der sich in seinem westlichen Teil so anders entwickelt hatte als der ihnen vertraute östliche. Außer für Kredite, technisches Knowhow, ungewohnte demokratische und betriebliche «Entscheidungsstrukturen» interessierten sich junge Intellektuelle vor allem dafür, wie wir – Deutsche, Franzosen, Engländer, Italiener – uns die Welt vorstellen, was wir denken und fühlen, hoffen und fürchten.

Ich bat 1992 alle mir persönlich bekannten deutschen Schriftsteller, eine Geschichte zu schreiben, die zusammen mit geeigneten anderen einem jungen Russen oder Polen oder Ungarn helfen könne, sich lesend ein vorläufiges eigenes Bild von uns zu machen – innerhalb eines von mir abgesteckten Feldes von Gegenständen, das sich zwischen den möglichen Eckpunkten «Die Kartoffel» und «Die Deutsche Mark», «Eichendorff» und «Auschwitz» erstreckte.

Die fünfzig Geschichten von sechsunddreißig Autoren haben mit fünf Auflagen und durch den Verzicht der Autoren auf jegliches Honorar die Finanzgrundlage für eine zweisprachige deutsch-russische Ausgabe gelegt. Von dieser sind insgesamt 8000 Exemplare verkauft worden. Ihre russischen Leser hat sie aufgrund eines Zuschusses des Vereins HOPE / Hilfsorganisation Perestrojka und über die sogenannten Mittlerorganisationen und deutsche Städtepartner erreicht.

Auch die «Deutschen Gestalten» sollten diesen Weg gehen, also einerseits das Interesse russischer Leser zu treffen suchen, andererseits zuvor auch in Deutschland gern gelesen werden, so dass sie auf diese Weise wieder einen für Russland erträglichen Preis der zweisprachigen Ausgabe erwirtschaften.

Anders als bei «Deutschland in kleinen Geschichten» sind diesmal nicht wieder mehrere Dutzend Autoren gefragt worden, ob sie über diese oder jene deutsche Gestalt würden schreiben wollen, sondern ich habe einen Mitautor und Mitverantwortlichen, Sten Nadolny, gewonnen, und wir haben die *desiderati*, die gewünschten Gestalten, ausgemacht und so untereinander verteilt, dass sie zusammen mit einigen schon im ersten Buch präsenten Gestalten so etwas wie ein zwar buntes und vielfältiges, jedoch komponiertes und erklärbares Tableau, ein «lebendes Bild» ergeben. Wo uns die Kenntnisse fehlten, haben wir Freunde gebeten, einzuspringen. «Gebeten»? Ach, gestehen wir es ein: Wir haben sie genötigt, und darum sei ihnen – Barbara Beuys, Friedrich Christian Delius, Caspar Faber, Sybil Gräfin Schönfeldt, Jens Sparschuh – hier namentlich gedankt. Wir danken freilich nicht weniger den alten Autoren in diesem Band, die wieder, um des guten Zweckes willen, auf ihr Honorar verzichtet haben.

Hartmut von Hentig, Mai 2004

Elisabeth Borchers

Der Faust des Vaters
«*Ihr naht euch wieder, schwankende Gestalten*»

So gib mir auch die Zeiten wieder . . . lässt der Dichter einen
Mann sagen, der selber ein Dichter ist und von einem anderen, der ein Theaterdirektor ist, aufgefordert wird, ein
Stück zu schreiben, das der Menge behagt, in dem vieles
geschehen muss, denn erst wenn *die Menge staunend
gaffen kann*, werde er *ein vielgeliebter Mann*. Faust. Eine
Tragödie. Vorspiel auf dem Theater. Direktor / Theaterdichter / Lustige Person. Ich zitiere aus einer Vorkriegs-
auflage der Reclam-Ausgabe, die, mit Lesespuren, mit
handschriftlichen Kommentaren versehen, alles in allem,
den Krieg heil überstand und in einem Koffer mit Hab-
seligkeiten übrigblieb von einem Vater, der ihn nicht
überstanden hatte. Faust demnach in der Rocktasche eines
Hauptmanns der Reserve, der in Frankreich war, dann
Russland, dann Westfront, und Ende. Faust und Krieg.
Zum wiederholten Male sieht man: Der Mensch braucht
ein Buch. Ein Buch, in dem er mit blauer Tinte Unterstrei-
chungen, Kommentare vornehmen kann, um sich selbst
zu entdecken.
    Und ich, neunzehnjährig, in einem Nachkriegssommer,
auf der Terrasse einer von französischer Besatzungsmacht
für den Service Forestier requirierten Villa, lese in der Mit-
tagspause im Faust meines Vaters, gedenke seiner und
überlege, was ihn bewogen haben mag, dies und das zu un-
terstreichen, mit Ausrufezeichen zu versehen. *Was* hat er
gedacht, und *wo* hat er gedacht. Ich verstehe so vieles nicht.
Der Sommer um mich her hat alles besetzt, Wiesen, Beete,
Busch und Baum; das Überleben ist selbstverständlich

geworden wie die Wohlgerüche des Sommers; man fühlt sich, hungrig zwar, wieder heimisch.

Wo ist der Nebel, wo das Werden, wenn ich seit neunzehn Jahren bin? *(Wer fertig ist, dem ist nichts recht zu machen, / Ein Werdender wird immer dankbar sein.)*

Kaum hat der Theaterdichter mit emphatischer Stimme und Geste ausgerufen: *Gib meine Jugend mir zurück!*, schon antwortet die Lustige Person: *Der Jugend, guter Freund, bedarfst du allenfalls, / Wenn dich in Schlachten Feinde drängen, / Wenn mit Gewalt an deinen Hals / Sich allerliebste Mädchen hängen* . . . Das leuchtet ein, der tapfere Soldat, der umschmeichelte Liebhaber.

Welcher Hass ist gemeint, welche Liebe? Welches Wunder verspricht mir die Knospe, diese Rose dort, in dunkelrotem Samt, eine unter hundert erblühten, von Bienen umschwärmten?

Nein, ich verstehe dich nicht. Eine andere Generation. Neunundvierzig warst du alt. Was ist in den uns trennenden dreißig Jahren geschehen, dass du dich in mein Alter zurückwünschst, in dem mir auch nicht traumhalber in den Sinn käme, die *tausend Blumen* zu brechen, *die alle Täler reichlich füllen.* Was ist geschehen, dass du dich einem schwärmerischen Poeten angepasst hast?

Meinem Vater zuliebe suche ich ein Stück vom Faust, um es auswendig zu lernen, ihn so zu ehren, wenn auch ohne Verständnis; weil es sonst nichts mehr zu tun gibt, lerne ich laut vor mich hin, während Monsieur und Madame Blaziot Siesta halten hinter heruntergelassenen Rolläden, die Sieger. Da schwelgt ein Poet. *(Wenn Phantasie sich sonst mit kühnem Flug / Und hoffnungsvoll zum Ewigen erweitert, / So ist ein kleiner Raum ihr nun genug, / Wenn Glück auf Glück im Zeitenstrudel scheitert.)* Weiß ich, wovon er redet?

Der Vater hat den klaren Blick verloren, alles verschönt

sich, Restaurierung von Jugend, der erst das Alter die tiefen Dimensionen verleiht, von der Höhe herab, oder wo auch immer man das Ende vermuten mag – denke ich nun, heute, fünfzig Jahre nach der Sommerandacht. Gewiss verstehe ich dich, heute, zwanzig Jahre älter als *du* damals, als du zu Ende warst und auch der Krieg. Komm, setz dich her, lass uns reden. Mit bestem Handwerkszeug ist gut weiches Holz zu spalten, wir werden uns einigen.

Ihr habt recht, du und der Poet, ich trage euch die Wahrheit nach. Welch ein teuflisches Wünschen, herbeizaubern zu wollen, wonach uns verlangt, wohl wissend, dass selbst, wenn Zauber möglich wäre, dies Ding unmöglich ist. Wer löschte da aus, was da geschrieben steht: *Du bebst vor allem, was nicht trifft, / Und was du nie verlierst, das musst du stets beweinen.* Also was nun, Träumer mit den zwei Menschenaltern?

So gib mir auch die Zeiten wieder,
Da ich noch selbst im Werden war,
Da sich ein Quell gedrängter Lieder
Ununterbrochen neu gebar,
Da Nebel mir die Welt verhüllten,
Die Knospe Wunder noch versprach,
Da ich die tausend Blumen brach,
Die alle Täler reichlich füllten.
Ich hatte nichts und doch genug:
Den Drang nach Wahrheit und die Lust am Trug.
Gib ungebändigt jene Triebe,
Das tiefe, schmerzenvolle Glück,
Des Hasses Kraft, die Macht der Liebe,
Gib meine Jugend mir zurück!

Herbert Rosendorfer

Karl der Große
Die Weltgeschichte – man darf sie nicht aus der Nähe betrachten

Die welthistorische Hinterlassenschaft Karls des Großen strahlt bis heute *(sagte Professor Ygdrasilovič)* oder wenigstens bis gestern. Er gilt als Heiliger. Dass er heiliggesprochen wäre, ist nicht überliefert, aber im Heiligenkalender steht er. Sie wissen *(fuhr Professor Ygdrasilovič fort)*, dass nach dem Zweiten Vaticanum das Heilige Officium – das selber auch gar nicht mehr so heißt, fragen Sie mich aber nicht nach dem neumodischen Namen – damit begonnen hat, den Heiligenkalender zu entrümpeln. Alle Heiligen, die es historisch belegbar nie gegeben hat, sind hinausgeflogen. Die heilige Cäcilie war darunter, der heilige Christophorus und viele mehr. Nun ist Sanct Carolus Magnus unzweifelhaft historisch – nur: ist er heilig? war er heilig? Aber kann einer, der schon einmal im Heiligenkalender stand, auf einen normalen Sünder zurückgestuft werden?

(Professor Ygdrasilovič nahm einen Schluck Fernet Branca.) Ein braunes Gesöff *(sagte er entschuldigend)*. Es enthält Aloe. Wenn man zu viel davon trinkt, wird man süchtig. Bräuchte es bei mir gar nicht; ich trinke ihn, auch ohne danach süchtig zu sein, ununterbrochen. Ja. Carlomagno, Charlemagne. Heilig oder nicht? Bei Verden an der Aller und auch sonst hat er die Sachsen abgeschlachtet. Das spricht eher für Heiligkeit. Warum? Vorweggenommene Vorsicht: War nicht Luther Sachse? Eben. Da hat unser Carolus offenbar ein paar zu wenig umgebracht.

Aber *(hob Professor Ygdrasilovič den Finger)* was war nach seinem Tod? Am 28. Januar 814 ist er, nach längerem Siechtum, aber nur einer Woche schwerer Krankheit gestorben. Der neue Kaiser, sein Sohn Ludwig, den sie später «den Frommen» nannten, eilte zur Kaiserpfalz nach Aachen – ich dramatisiere etwas –, ritt durchs Tor in den tief verschneiten Hof, warf die Zügel einem Reitknecht zu, der bereits in Tränen aufgelöst war, und rannte hinauf, wo er grade noch zurecht kam, um dem greisen Vater die Augen zuzudrücken … Aber dann. Was er vorfand, ließ seine fromme Seele zu kleinen Klümpchen gerinnen. Aus allen Türen quollen Konkubinen. Von links Madelgarde – was für ein scheußlicher Name, ich kann sie mir nicht anders als engerlingsbleich und fett vorstellen, mit ihrer dümmlichen Tochter Rothilde; von rechts Gerwinda, wahrscheinlich eine dürre Flachshaarige, mit ihrer Tochter Adeltrude; von oben kam Regina herunter, die trotz ihres Namens keine Königin, sondern nur ein kaiserlicher Betthase war, an den Händen die rothaarigen Bastarde Drogo und Hugo; und zum Schluss kam noch von ganz hinten Hadalind herein geschlichen, in schlampigem Morgenmantel, den Busen halb heraushängend, und wischte ihrem Sohn Theoderich, des alten Kaisers Liebling, die Rotznase …

Ja, ja, sehen Sie. Die Weltgeschichte. Man darf sie nicht aus der Nähe betrachten. Ludwig fauchte, raste herum, zog aus allen Winkeln weitere Konkubinen hervor, deren Namen man im Gegensatz zu den oben genannten vergessen hat, an die dreißig sollen es insgesamt gewesen sein, und an die hundert Bastarde, die jüngsten noch an den Mutterbrüsten. Schon ein Kerl, der Karl – hieß ja auch so: Karl – Kerl, das ist das gleiche. Schon ein Kerl. Aber heilig?

Soweit ich weiß, ist das Sanct-Officium verschämt mit Stillschweigen darüber weggehuscht, über die Heiligkeit des heiligen Carolus Magnus. Aber seine welthistorische Leistung strahlt bis heute, oder wenigstens bis gestern.

Hartmut von Hentig

Salomon Maimon
... und begehrte Einlass in die gelobte Stadt

Im Jahre 1777 klopfte Salomon, Sohn des Josua, an die Tür eines angesehenen jüdischen Kaufmanns der Stadt Nieswiez im nördlichen Polen, nahe der litauischen Stadt Wilnius, und stellte dem frommen Glaubensgenossen seine schlechten Lebensumstände dar: «Ihr seht, Repersch, ich bin etwas ein armer Mensch; und weil ich bin jung und weil ich für gewöhnliche Geschäfte nicht tauge, will ich, mit Verlaub, studieren und zwar die Medizin, was man hier nicht kann – nicht in unserem Schtetl, nicht in Minsk, nicht in Kaunas, nicht in unserem Land. Und weil ich habe gehört, dass Sie bald möchten nach Königsberg in Preußen fahren, bitte ich Sie, mich mitzunehmen, damit ich von dort kann weitergehen nach Berlin.» Der Kaufmann schüttelte den Kopf. Wieso tauge er nicht zu «gewöhnlichen Geschäften»? «Weil ich sollt nach dem Willen meines Vaters ein Rabbiner werden und habe nie in meinem Leben etwas Praktisches getan.» Und warum studiere er nicht den Talmud und werde Rabbiner wie vorgesehen? «Dies habe ich schon getan und alle drei Grade des talmudistischen Studiums erreicht. Aber ich habe eine wachsende Familie zu ernähren; ich müsst' meine Gelehrsamkeit verkaufen, was nicht recht ist ...» Was für eine Familie – er sei doch noch so jung?! «Ich bin mit elf Jahren verheiratet worden. Mit vierzehn wurde mein erster Sohn geboren, und seither bekomme ich jedes Jahr ein weiteres Kind.» Der Kaufmann schüttelte abermals den Kopf: Und warum Medizin? Habe man nicht genug Ärzte im eigenen Land? «Unwissende Bartscherer, die absonderliche Heilungen vornehmen! Als ich acht Jahre alt war, geriet ich mit meinem Fuß unter die Räder des Wagens, von dem ich sprang. Der Arzt riet meinen Eltern, einen Hund zu schlachten und den kontrakten Fuß hineinzustecken. Dies sollten sie einige Male wiederholen, es werde gewiss Erleichterung schaffen.» Ob diese eingetreten sei? «Ja. Aber wer weiß, wodurch! Es ist wie mit so vielerlei in unserer abgelegenen dunklen Welt.» Was er damit meine? «Ach, Herr! Man hat uns in die Schule geschickt. Da waren wir Kinder von morgens bis abends eingekerkert – außer am Freitag und am Nachmittag des Neumond. Was hat man uns gelehrt? Die Sprache der Bibel – ohne deren Sinn und ohne die Geschichte, von der sie handelt. Von der übrigen Welt haben auch die Lehrer nichts gewusst – sie waren arme Hungerleider und haben unser Vesperbrot gegessen. Hat man Euch gelehrt, wie ein Gewitter entsteht, der Tau und der Regen? Warum es Jahreszeiten gibt oder Tag und Nacht oder Mann und Frau? Weil ich mit elf Jahren nicht habe schlafen wollen mit meiner Frau, haben meine Eltern geglaubt ein Weib habe mich behext. So haben sie mich zu einer anderen Hexe gebracht. Was sie mit mir gemacht hat – ich mag es euch nicht sagen. Hexerei war es nicht! Und das alles hat mein Tate befohlen, der doch selber ein Rebbe war und sich lustig gemacht hat über die Fragen der anderen Rabbiner: wieviel weiße Haare die rote Kuh haben kann und doch eine rote Kuh bleibt? ob man eine Laus oder einen Floh am Schabbes totschlagen darf (wovon das eine erlaubt, das andere eine Todsünde ist)? ob der Hohepriester erst das Hemd und dann die Hose angezogen hat oder umgekehrt? Nein, Herr, wir leben in schrecklichem Aberglauben – und wir Juden sollten das nicht! Sind wir nicht Gottes Volk? Aber wir denken und leben wie die Schlachtschitzen und Bauern um uns her: Die rauben und üben Gewalt, die verachten die Gesetze, verschwenden das Geld, versaufen ihren Verstand. Aber sie haben wenigstens etwas davon! Was haben wir von unserer Gottesgelehrtheit? Wir tüfteln oder wir frömmeln, wir machen ein großes Zeremoniell aus unserem Leben oder eine große Selbstvernichtung.»

Der Kaufmann schüttelte seinen Kopf nicht mehr. Er sah Salomon wissend und traurig an. «Kann es denn anders sein?» «Oh ja! Gott hat eine vernünftige Welt geschaffen, und was in ihr für uns Juden falsch und beschwerlich ist, davon wird uns der Messias befreien. Aber die Ankunft des Messias mit Alfanzereien, Räucherwerk und Beschwörung beschleunigen wollen, heißt nicht an Gott glauben. Denkt daran, Herr, wie sie sich schlagen lassen vor dem Versöhnungsfest oder sich gegenseitig von ihren unerfüllten Gelübden lossagen vor dem Neujahrstag! Sie bilden fromme Gesellschaften – und was tun die? Sie peitschen einen Mitbruder aus, weil seine Frau ein Mädchen geboren hat und keinen Jungen. Gar nicht zu reden von den Wunderkuren des Baalschem und seinen Schülern, von der Aufdeckung von Diebstählen, die sie selber veranstaltet haben, von Betrug also, den sie nur deshalb verüben können, weil der größere Teil der Nation ungelehrt ist. Wer das alles nur bestreitet und selber nichts Rechtes weiß, wird dem Volk nicht helfen können. Ich will darum zunächst Medizin studieren und all das, woraus sie sich zusammensetzt. Mit ihr werde ich meiner Familie Brot verdienen und den Menschen in dieser Gegend nützlich sein. Ich bitte Euch also, Herr, nehmt mich auf Eurer Fuhre mit nach Königsberg. Von da will ich weiter nach Berlin, wo die Wissenschaften blühen.» Der Kaufmann war nicht gelehrt. Er wusste nichts einzuwenden. Er nahm den jungen Mann mit.

In Königsberg ging Salomon zu einem jüdischen *Doctor medicinae*. Der hatte gerade keine Zeit und verwies ihn an seine Studenten. Die amüsierten sich über den Fremdling mit dem dichten schwarzen Bart, der zerrissenen und schmutzigen Kleidung und der unverständlichen aus dem Hebräischen, Polnischen, Litauischen und Deutschen zusammengesetzten Sprache. «Studieren willst du? Gar in Berlin?» Sie legten ihm ein Buch mit dem Titel «Phädon» vor, das von einem gewissen Mendelssohn verfasst war. «Der könnte dort dein Lehrer sein. Zeig uns, wie du ihn begreifst!» Salomon hatte sich das Deutsche durch bloßen Vergleich von Texten selber beigebracht. Er las die Einleitung vor – und das klang erbärmlich. Er kommentierte sie – und die Umstehenden verstanden kein Wort. Da übersetzte Salomon den Text ins Hebräische – und alle gerieten in größtes Erstaunen über die Sicherheit und Verständigkeit, mit der ihm dies gelang. Man interessierte sich für ihn, kleidete ihn ein und riet ihm, wie er am besten nach Berlin gelange: mit dem Schiff nach Stettin und von dort zu Fuß nach Frankfurt an der Oder und weiter zur Hauptstadt. Er mietete sich mit einem Beutel trocken Brotes und einigen Heringen auf einem Schiff ein. Die Reise dauerte wegen widriger Stürme nicht acht bis zehn Tage, sondern ganze fünf Wochen. Ausgehungert, von der Seekrankheit völlig entkräftet und ohne einen Pfennig ging er an Land. Für seinen eisernen Löffel erhandelte er bei einer Wirtin ein warmes Bier und schlug sich im Stall der Gaststätte ins Stroh. Am anderen Morgen fragte er sich zur nächsten jüdischen Gemeinde durch, um mit seinen Brüdern Klagelieder über die Zerstörung Jerusalems zu singen, und kam auf diese Weise nicht nur zu dem einen oder anderen Abendessen, sondern eines Tages auch zu einem Ehrenplatz zwischen einem reichen Juden und seiner zwölfjährigen Tochter. Deren Naserümpfen über den Gestank seines seit sieben Wochen nicht gewaschenen Hemdes brachte ihm sein Elend nachdrücklich zum Bewusstsein.

Dann endlich stand er vor dem doppelten Portikus des Rosenthaler Tors von Berlin und begehrte Einlass in die gelobte Stadt, wo nicht Reichtum, aber Aufklärung und Gesetz, nicht Menschenfreundlichkeit, aber Ordnung und Liberalität herrschten – «eine Freiheit, wie man sie sonst nur in England findet». So urteilte damals ein französischer Reisender: «Die Juden dürfen öffentlich beweisen, dass der Messias noch zu erwarten ist; die Katholiken, dass der Papst der Lehnsherr aller Fürsten ist; die Protestanten, dass er das apokalyptische Tier und das Weib von Babylon ist; die Griechen, dass es keine Dreifaltigkeit gibt; die Türken, dass Mohammed ein größerer Prophet war als Moses und Christus, und die ganz Ungläubigen, dass es nie einen Propheten gegeben habe. Die Polizei sorgt nur dafür, dass es bei theoretischen Beweisen bleibt, und der Priester, Rabbiner und Kadi, der ein Autodafé veranstalten wollte, würde gewiss zuerst auf seinem Scheiterhaufen sitzen.»

Die jüdische Gemeinde von Berlin hatte an diesem nach Osten gelegenen Tor ein Haus erbaut, in dem arme jüdische Ankömmlinge aufgenommen und über ihr «Gesuch» befragt wurden. Waren sie krank oder wollten sie in einen bestimmten Dienst, wurden sie von hier weitergeschickt – oder zurück. Das hatte seine Bewandtnis. Der Große Kurfürst hatte vor hundert Jahren neben den Hugenotten und böhmischen Brüdern auch fünfzig jüdische Familien aufgenommen. Sie förderten den Wohlstand des Landes und zahlten Schutzgelder und Heiratsgebühren nach einem festen Vertrag. Ihnen lag daran, ihre Privilegien nicht zu gefährden. Sie musterten darum die Ankömmlinge genau: nach ihren Absichten, ihrer Moral, ihren Lebensumständen. Da die jüdische Gemeinde für nicht aufgeklärte Verbrechen in der Stadt verantwortlich gemacht wurde, nahm sie das «Wächteramt» am Rosenthaler Tor sehr ernst.

Der erschöpfte Salomon sah sich in dem von allerlei Gesindel bevölkerten Haus nach einer verständnisvollen Seele um und traf zu seiner Freude auf einen Mann, der das Aussehen eines Rabbiners hatte und auch einer war. Mit dem kam er alsbald in ein Gespräch über allerlei jüdische Gelehrsamkeit. Er erzählte ihm vertrauensvoll von seinen Gründen, nach Berlin zu kommen, offenbarte ihm sein Vorhaben, Medizin als eine umfassende Naturwissenschaft zu studieren und zeigte ihm seinen im Entstehen begriffenen Kommentar zu dem «More Newochim» des Maimonides. Der Rabbiner hörte ihm aufmerksam zu – und war plötzlich verschwunden.

Am anderen Tage kamen die jüdischen Ältesten, befragten Salomon gründlich und schlugen sein Gesuch geradezu ab. Der Rabbiner, ein Orthodoxer, hatte ihnen alles hinterbracht. Sie sahen in Salomons Wissenseifer und kritischer Denkart eine Gefahr für ihren Frieden sowohl mit der Stadt als auch untereinander. Der Aufseher des Armenhauses trat hinzu, während sich die Ältesten abwandten, und drängte den vor Verstörung und Schwäche taumelnden Salomon aus dem Haus und vor das Stadttor. Hier warf sich Salomon auf den Boden und fing bitterlich zu weinen an. Es war Sonntag. Viele Menschen kamen auf ihrem Spaziergang vorbei. Einige beugten sich mitleidig über ihn. Aber sie konnten ihn nicht verstehen, teils wegen seiner Sprache, teils wegen seines heftigen Schluchzens.

Später nahm sich ein robuster Betteljude seiner an, lehrte ihn, wie man die Leute angeht, wie man «im Freien» lebt und wie man flucht, wenn das Glück stolz an einem vorübergeht. Bei Salomon blieb es eines Tages freundlich stehen. Eine reiche Familie nahm ihn als Hofmeister auf. Nach drei Jahren hatte Salomon soviel verdient, dass er in einer Kutsche in Berlin einfahren konnte. Kein Mensch hat ihn am Rosenthaler Tor aufgehalten und befragt. Er lernte Mendelssohn kennen und befreundete sich mit ihm; er legte sich den Namen Maimon zu; er wurde ein berühmter Gelehrter unter den Berühmtesten seiner Zeit.

James Krüss

Die Flüchtlingsmutter
Wenn ich statt des Schmucks das Kind zurück-
gelassen hätte…

Als ich, erzählte mir die Frau v. G., im kalten Februar des
Jahres 1945 mit meinen neun Kindern den zu jener Zeit
verbotenen Übergang über die Oder nach Westen zu wagen
beschloss, da die sowjetische Armee sich näherte, schickte
ich meine acht Großen auf verschiedenen Wegen über den
Fluss, ging aber selbst nur mit unserem Nachkömmling,
einem vierzehn Monate alten Säugling, dazu mit meinem
Schmuck, zur Oder, wo eine Militärstreife mich fasste und
mir nach längeren Verhandlungen den Übergang erlaubte
unter der Bedingung, entweder meinen kleinen Sohn oder
den Schmuck zurückzulassen, worauf ich ohne Zögern
meinen Schmuck zurückließ und trotz der Kälte den
Flussübergang auch schaffte, den unser Nachkömmling
jedoch nicht überlebte, so dass, als später die acht Großen
wieder zu mir stießen, ich ohne unseren Kleinen und
auch ohne Mittel dastand und mir überlegte, ob, wenn ich
statt des Schmucks das Kind zurückgelassen hätte, ich ihm
nicht das Leben, uns anderen aber die Mittel zum Leben
erhalten hätte.

Hartmut von Hentig

Marion Gräfin Dönhoff
Preußisch, protestantisch, politisch

Ich war zwölf Jahre alt, sie achtundzwanzig, als wir uns 1937 zum ersten Mal in der Wohnung meiner Eltern in der Berliner Händelallee begegneten. Wir waren eben von mehrjährigem Auslandsaufenthalt nach Deutschland zurückgekehrt, sie befand sich mit ihrer Schwester auf einer ihrer vielen Reisen – von Ostpreußen nach Afghanistan oder von Afrika nach Moskau oder vielleicht «nur» nach Paris. Sie hätte eine Primanerin an meiner Schule sein können – und blieb auch in den nächsten zehn Jahren eine Achtzehnjährige. Ich hatte kaum meinen Diener gemacht, da wurde ich schon für den nächsten Sommer nach Friedrichstein eingeladen. Ich sollte das Schloss sehen, in dem Heinrich Dönhoff, Marions ältester Bruder und mein Patenonkel, residierte.

Die Dönhoffs waren im 14. Jahrhundert aus dem Rheinland in den Osten gekommen – erst als Ordensritter nach Livland, dann im 17. Jahrhundert nach Preußen, wo sie von dem Geld aus gut dotierten Staatsdiensten einen beträchtlichen Landsitz erwarben. Sie kauften meist marode Rittergüter oder Höfe, die sie neu besiedelten und zu offenbar einträglichen Einheiten zusammenschlossen. Anfang des 19. Jahrhunderts umfassten die Friedrichsteiner Güter etwa 6000 Hektar. Als Marions Vater August Karl den Fideikommiss, d. i. die Treuhänderschaft über diesen Besitz, übernahm – mein Großvater hatte ihm dabei juristisch beigestanden, von daher datierte die Dönhoff-Hentig-Freundschaft –, mag er gut 10 000 Hektar Land und Wald für den gesamten Dönhoff-Clan verwaltet haben.

August Karl war Mitglied des Preußischen Herrenhauses und seit 1903 auch des Deutschen Reichstags. Zuvor hatte er im Auswärtigen Dienst gestanden.

Marion wurde 1909 geboren; da war er fünfundsechzig Jahre alt. Als er starb, war sie zehn. Wie ihre älteren Geschwister wurde sie von Hauslehrern unterrichtet. Das pädagogische Interesse der Erwachsenen war – beim siebenten und letzten Kind – erlahmt. Das hat ihr erspart, «gebildet» zu werden, und ihr die Neugier gelassen. Der Zufall hat diese in den turbulenten Kriegs- und Nachkriegszeiten zwischen Schloss und Dorf gut bedient. Erst als sie fünfzehn Jahre alt war, wurde sie auf ein Internat in Potsdam geschickt; von dort ging sie auf ein Jungen-Gymnasium über: Sie wollte studieren und brauchte dazu ein Abitur – das bekam man nicht beim Hauslehrer.

Sie nahm es mit der Nationalökonomie auf und promovierte bei Edgar Salin in Basel über die wirtschaftliche Entwicklung der väterlichen Güter. 1930 erlebte sie Hitler in einer öffentlichen Versammlung. Von dem Tag an verabscheute sie ihn.

Einen Nachhall der ungebundenen und hochkarätigen, von der ostpreußischen Landschaft und Geschichte geprägten Kindheit durfte ich nun erleben. Heinrich Dönhoff – nie wäre ich auf den Gedanken gekommen, ihn «Onkel» zu nennen – hatte eine bildschöne rheinische Gräfin geheiratet. Er versuchte ihr das «sibirische Exil» durch Verschönerung des riesigen Barockschlosses erträglich zu machen. Ein Trakt wurde für sie modernisiert, das repräsentative Mittelstück hingegen, in dem Friedrich Wilhelm I. residiert hatte, sorgfältig restauriert. Dabei kam just damals eine die ganze Wand bedeckende Darstellung des auch dort abgehaltenen königlichen Tabakskollegiums zum Vorschein.

Bei Kriegsausbruch kehrte der Bruder Christoph aus

Afrika zurück. Die Dönhoff-Geschwister versammelten sich in Friedrichstein. Wieder war ich zu Gast. Ich erinnere mich meines heißen Knabenwunsches: Es mögen auch wir fünf Hentig-Geschwister dereinst so miteinander umgehen – so gescheit, so heiter, so selbstverständlich – wie die fünf schönen Dönhoffs!

Im ersten Kriegsjahr fiel Heinrich. Marion übernahm die Verwaltung der Güter. Ich durfte fortan meine «Erntehilfe» in der großen Gärtnerei des westpreußischen Gutshofs Quittainen leisten, wo Marion sich im Rentmeisterhaus eingerichtet hatte. Das Schloss überließ sie einem aus Südamerika heimgeholten Vetter mit seiner Familie. Wenn ich morgens um sechs Uhr dreißig am reich bestellten Frühstückstisch erschien, war Marion schon fort – mit dem Motorrad zu den entfernteren Vorwerken oder zu Verhandlungen in der Kreisstadt Elbing. Ich schmierte eilig Brote mit dick Wurst, wickelte ein Stück Käse in mein frisches Taschentuch, steckte die mir zugedachten gekochten Eier in die Tasche, trank nur meinen Tee: Die Nahrungsbeute brachte ich Louis, dem liebenswerten französischen Kriegsgefangenen, der mich um sieben Uhr im Bohnenfeld oder bei den Himbeeren erwartete. Als ich viele Jahre später Marion diese Diebstähle gestand, sagte sie: «Du Idiot! Hättest du ein Wort gesagt, ich hätte dir gezeigt, wo der Schlüssel zur Speisekammer hängt. – Nur die Frau K. hätte nichts merken dürfen!»

Am späten Nachmittag, wenn meine Gartenarbeit vorüber war, nahm Marion mich auf die Pirsch mit. Aber nicht einmal, als ich später Soldat und Fahnenjunker war, hat sie mir zugetraut, einen Bock zu schießen. Auf Ausritten in die engere Umgebung, gleichsam beim Abreiten des Reviers, merkte sie sich, wo ein Graben versumpfte, ein Gatter repariert werden musste, eine am Feldrain abgestellte Egge immer noch nicht zurückgebracht worden war. Mir wurden dabei leichtere Aufträge zuteil – und verstörende Kritik an meinem Reitsitz: «Den Unterschenkel nicht so weit zurück, Hartmut! – Nein, so auch nicht, so ritt nur der Alte Fritz!»

Über den Besuchen Marions bei meinem Vater lag immer schon ein Schatten von Verschwörung. Nun, in den Kriegsjahren, nahm ihr Einsatz für die Männer des deutschen Widerstandes lebensgefährliche Formen an. In dem Buch, das sie ihnen gewidmet hat, schildert sie die Personen und Taten der Bussches und Moltkes, der Yorcks und Lehndorffs. Ihren eigenen Beitrag gegen den Unhold hat sie erst ein halbes Jahrhundert später der Öffentlichkeit preisgegeben – in einem fünfseitigen atemberaubend nüchternen «Postskriptum»: Während des Verhörs durch den Gestapo-Beamten nimmt sie wahr, dass ihre Lügen nicht verfangen, und entschließt sich geistesgegenwärtig zu einer harmlosen Selbstbezichtigung: «Ich muss Ihnen gestehen, ich habe eben nicht die Wahrheit gesagt ...» Damit gewinnt sie den Mann für sich und gegen den Denunzianten. Dass sie überlebte, hat sie sich selbst nie verziehen: «Nichts konnte schlimmer sein, als seine Freunde zu verlieren und allein übrig zu bleiben.»

Durch Marions Vermittlung wurde der Offiziersanwärter Hartmut Hentig bei einem Panzergrenadierregiment in Insterburg eingewiesen. Die seltenen Urlaubswochen konnte ich von dort aus in Friedrichstein verbringen, einen längeren Genesungsurlaub im Spätsommer 1944 in Quittainen, wo Marion – wie alle anderen – die Flucht vorbereitete. Heimlich natürlich. Die Erlaubnis zum Aufbruch kam zu spät; die Straßen waren durch die zurückflutenden Heeresverbände und andere Flüchtlinge verstopft; der Treck blieb stecken; die Gutsbelegschaft beschloss umzukehren. «Uns kleinen Leuten», hieß es in der Versammlung, werde die Sowjetarmee nichts tun. Aber die Gräfin müsse weiterreiten, die Russen würden sie totschlagen. Sie gelangte auf Alarich, einem geliebten, nervösen Fuchs, nach Westdeutschland.

Dort trafen wir uns im September 1945 auf der Straße in Garmisch-Partenkirchen, und sie engagierte mich auf der Stelle als Lateinlehrer – an ihrer Statt – für die vielen Dönhoff-Nichten und -Neffen, die mit ihren Familien in Niedersachsen untergekommen waren. Marion Dönhoff selbst trat der Redaktion der in Hamburg neu gegründeten Wochenzeitschrift DIE ZEIT bei, wo sie erst den Deutschen, dann der Welt bewies, dass guter Journalismus mehr ist als die Wiedergabe und Kommentierung der Tagesereignisse, ja, dass ein weiter Blick und ein kluger, gar mutiger Gedanke der flotten Schreibe entbehren kann.

Sie hat seither mit allen politischen und geistigen Größen ihrer Zeit verkehrt – mit Anwar as-Sadat und Sukarno, mit Kissinger und Kennan, mit Nahum Goldmann und Chaim Weizmann, mit Jaruzelski und Gorbatschow, mit Sacharow und Kopelew, mit Willy Brandt und Helmut Schmidt, mit Richard und Carl Friedrich von Weizsäcker, mit Flora und Loriot, mit dem Dalai Lama und Bischof Tutu – und den Bewunderten unter ihnen auch je ein literarisches Denkmal gesetzt. Dass «Ottohentig», mein Vater, zu diesen zählte, hat mich stolz (und immer auch ein wenig neidisch) gemacht. Dabei hatte sie mit ihm – der nicht weniger eigensinnig war und ebenso preußisch wie sie – viel gestritten. Drei Maßgaben einigten sie: Sie waren Preußen, Protestanten und Politiker.

«Preußisch» war an diesen beiden Menschen die völlige Gleichgültigkeit für alles Überflüssige. «Sparsamkeit» sagt dazu der Biedermann; der Lebemann nennt es «Geiz». Vom Lastenausgleich, der den Dönhoffs spät zuteil wurde, kaufte sich Marion zusammen mit ihrer Schwester (sie ist die zweite der bewunderten Frauen) ein altes, beschei-

denes, sehr schönes Haus auf Ischia. Dort schrieb sie längere Arbeiten und erholte sich von Deutschlands schlechtem
Klima. Sie mietete sich, um beweglich zu bleiben, jedes
Jahr denselben alten Fiat Cinquecento, der in den letzten
Jahren hauptsächlich durch seinen Lack zusammengehalten
wurde. Er hatte keinen Scheibenwischer mehr, so dass Marion bei Regen ihren Kopf aus dem Fenster halten musste,
um zu sehen, wohin sie fuhr. Als uns die Verkehrspolizei
ins Auge fasste und zum Anhalten einwinkte, zischte sie
mir schnell zu: «Was auch immer die wollen: Geld haben
wir keines dabei!» Sparsamkeit? Geiz? – Savoir vivre!

«Preußisch» hieß sodann, streng mit sich selbst sein.
Marion liebte die Geschichte, die Theodor Fontane in seinen Wanderungen durch die Mark erzählt: Johann Friedrich Adolf von der Marwitz weigerte sich, das Schloss
Hubertusburg in Sachsen zu plündern, wie es Friedrich II.
aus «Begier nach Revanche» befohlen hatte, zog sich dessen Unwillen zu und nahm seinen Abschied. Auf seinem
Grab stand: «Wählte Ungnade, wo Gehorsam keine Ehre
brachte».

«Preußisch» heißt vor allem: seinen Überzeugungen die
Treue halten – genau wie seinen Freunden. Meist spannte
Marion die letzteren in den Dienst der ersteren. Das so bri-
sante wie brillante Manifest «Weil das Land sich ändern
muss» aus dem Jahr 1992 ist ein treffliches Beispiel dafür.

Preußisch paart sich gut mit protestantisch. Das letztere
heißt: Jeder ist unmittelbar zu Gott. Da Gott nicht auftritt
wie der Büttel im Kasperletheater, ist jeder sein eigener
Wächter: Ehre, Pflicht, Gewissen und vernünftiger Ver-
standesgebrauch müssen ihn gegen Opportunismus, Eitel-
keit, Selbstsucht und Korruption wappnen. Kant hat daraus
eine universale Ethik gemacht. Fromm war Marion nicht.
Obwohl es Gott geben musste, «weil die Menschen sonst
verrückt spielen», habe ich Marion nie beten sehen. Poli-

tisch handeln musste sie nicht. Als ihr das höchste Amt in unserer Republik angetragen wurde, war sie bereit zu kandidieren, wissend, dass die politische Konstellation dem Rivalen den Sieg sicherte. Zu ihrem Glück! Stillhalten, wenn die Politik ohne, gar gegen die Moral gemacht wird, wäre ihr nicht möglich gewesen.

Marion Dönhoffs wichtigstes politisches Anliegen war die Versöhnung Deutschlands mit den ehemaligen Feinden im Osten – die mit den westlichen Kriegsgegnern war ja im vollen Gang. Sie unterstützte die Ostpolitik von Willy Brandt und Egon Bahr, ja, bereitete ihr buchstäblich den Boden, indem sie den Anspruch auf die Dönhoffschen Güter aufgab – ein Beispiel für alle Vertriebenen. Deren Verbände sahen darin freilich einen Verrat. Für sie war Marion Dönhoff fortan die «rote Gräfin». Diese war fest davon überzeugt, dass die Wunden des gegenseitigen Unrechts nur in einem vereinten Europa heilen könnten.

Mit dem Erlös ihrer Bücher gründete sie eine Stiftung, die vor allem osteuropäischen Intellektuellen hilft. Diese Stiftung hat ihr die Wiedererrichtung des Bronzedenkmals von Immanuel Kant in Kaliningrad, dem ehemaligen Königsberg ermöglicht. Keinen Denker hat sie so verehrt wie ihn.

Am 11. März 2002 ist Marion Dönhoff auf Schloss Crottorf im Rheinland im Alter von zweiundneunzig Jahren gestorben. Auf ihrer Todesanzeige lasen ihre Freunde ihren Lieblingssatz des Königsberger Philosophen: «Zwei Dinge erfüllen das Gemüt mit immer neuer zunehmender Bewunderung und Ehrfurcht: Der bestirnte Himmel über mir und das moralische Gesetz in mir.»

Caspar Faber

Liselotte von der Pfalz
Vitale Natürlichkeit, zupackende Herzensgüte, intellektuelle Aufsässigkeit

Elisabeth Charlotte, geboren 1652, verbrachte nur einen Teil ihrer Kindheit und Jugend am väterlichen kurfürstlich pfälzischen Hof in Heidelberg, Mannheim und Schwetzingen. Einige Jahre war sie ihrer Tante Sophie, Kurfürstin von Hannover, zur Obhut anvertraut, denn sie sollte das unaufgeräumte Eheleben der Eltern nicht mit ansehen müssen.

Liselottes Vater, der Kurfürst von der Pfalz, hatte «zur linken Hand» eine zweite Frau geheiratet. Eine Frau von niederem Adel. Da er selber von hohem war, ergab sich zusammengerechnet und durch zwei geteilt für die neuen Kinder gräflicher Rang. Sie erhielten den Titel und Namen eines erloschenen Geschlechtes, der «Raugrafen von der Pfalz».

Als das kurfürstliche Paar rechtsförmlich geschieden war, verließ Liselottes Mutter die pfälzische Residenz und ging zurück in ihre hessische Heimat. Liselotte wurde wieder Kind im Haushalt des Vaters. Die raugräflichen Halbgeschwister waren ihre und ihres älteren Bruders, des Kurprinzen, vertraute Gefährten. Liselottes Liebling war Karl Ludwig, Karllutz. Ihn hat sie später als junge Ehefrau von «Monsieur», mithin als «Madame», zu sich nach Frankreich eingeladen. Er muss ein charmanter Junge gewesen sein, die jungen Damen am französischen Hofe schwärmten für ihn, und Liselotte war geschwisterlich glücklich. Nicht mehr lange. Ihr «Schwarzköpfel» wurde Soldat und kam im Krieg der Venezianer gegen die Türken ums Leben.

«Monsieur» Philipp von Orleans, seit 1671 Liselottes Ehemann, war der Bruder Ludwigs XIV., des Sonnenkönigs. Der protestantische Kurfürst von der Pfalz hatte seine Tochter dem katholischen Franzosen zur Frau gegeben, weil er sich eine freundlichere Nachbarschaft für sein Land versprach. Er täuschte sich. Als sein Sohn und Nachfolger, Liselottes legitimer Bruder, starb, hatte sie, Elisabeth Charlotte, einen finanziellen Erb-Anspruch. Den reklamierten jetzt an ihrer Stelle die Franzosen – war sie nicht inzwischen französische Fürstin? Die Pfalz konnte das viele Geld nicht aufbringen, Grund genug für das expansive Frankreich, die Grenzgebiete des armen Nachbarlandes zu verwüsten. Schwacher Nachbar – ungefährlicher Nachbar. Es ist lange her, und es gibt seither französisch-deutsche Gegenrechnungen. Und Gegen-Gegenrechnungen. Und Gegen-Gegen-Gegenrechnungen. Irgendwann sind die Rechnenden erschöpft, und Erbfeinde können Freunde werden.

Liselotte war zum Katholizismus übergetreten, *cuius regio, eius religio*, aber sie war in der Wolle lutherisch gefärbt, und das geht aus der Wolle nicht raus. Kluge geistliche Führungskräfte – Jesuiten! – gönnten ihr eine gewisse innere Freiheit. In ihrer Fürstinnen-Rolle hatte «Madame» sich politisch und religiös korrekt zu betragen – das reichte.

Ihr Briefwechsel wurde aus Gründen der Staatssicherheit überwacht und, soweit deutsch geschrieben, übersetzt. So war ihre vitale Natürlichkeit, zupackende Herzensgüte und intellektuelle Aufsässigkeit amtsbekannt, auch ihr Spaß an höfischen und bürgerlichen Klatsch-Geschichten – sowas von schwatzhafter Weibsperson kann man sich heute gar nicht mehr vorstellen. Manchmal verschwanden Briefe von ihr oder an sie. Darum freute sie sich, wenn sie Besuchern Briefe mitgeben konnte.

Es gibt eine Schätzung, dass Liselotte an die sechzigtausend Briefe geschrieben hat. Immerhin sechstausend sind erhalten, zwei Drittel davon auf deutsch. Sie sind gerichtet an ihre hochadeligen und raugräflichen Verwandten und an liebgehabte Menschen niedrigeren Ranges, zum Beispiel ihr Kindermädchen «Jungfer Uffelen», verheiratete Frau von Harling. Aber sie hat auch mit Gelehrten korrespondiert, in späteren Jahren immerhin mit Gottfried Wilhelm Leibniz im heimatlich vertrauten Hannover.

Liselottes Ehe war – nein, keine vollständige Tragödie. Ihr Ehemann Philipp von Orleans, «Monsieur», junger Witwer mit zwei Töchtern, war der pfälzischen Prinzessin in den ersten fünf Jahren des Ehelebens wirklich zugetan. Sie hatten drei Kinder miteinander, das erste starb früh. Aber dann war «Monsieur» jahrelang nur im Sinne des höfischen Rollenspiels ihr Gatte. Er war erotisch auf junge Männer fixiert. Sein zu Liselottes Kummer immer wieder auftauchender Favorit war der Chevalier de Lorraine (nicht verwandt mit dem Fürstenhaus Lothringen). Angeblich hatte man dem Bruder des Königs diese Neigung anerzogen, damit er, verweichlicht, dem König nicht gefährlich werden könne. Er wurde erwartungsgemäß ein liebenswürdiger Gastgeber und einfallsreicher Arrangeur von Hoffesten, aber entgegen der Erwartung ein keineswegs verweichlichter, sondern mutiger und überaus loyaler Heerführer.

Krieg gab es immerzu. Der längste und schrecklichste war der Spanische Erbfolgekrieg: Ludwig wollte das dynastisch verwaiste Spanien nicht dem Hause Habsburg überlassen. Er befürchtete eine Umklammerung Frankreichs. Er erreichte eine spanische Regelung in seinem Sinn, aber nicht alles, was er sonst noch angestrebt hatte. Unter anderem musste er zugestehen, dass Lothringen ein selbständiges Herzogtum blieb.

Der Sonnenkönig hatte sechs Kinder von der Königin – einen Prinzen und Prinzessinnen «von Geblüt» – und mehrere illegitime, darunter acht von seiner Maitresse Madame de Montespan. Gern wollte er die illegitimen Kinder den legitimen gesellschaftlich gleichstellen. Er schlug vor, Liselottes Tochter solle einen solchen Sohn heiraten, einen Bastard (welches Wort kein Schimpfwort war, nur ein Etikett). Madame Liselotte wollte diese Verbindung nicht haben. Ihr Kind war «von Geblüt» – da kam nur ein Gemahl aus dem Hochadel in Frage. In einer recht quälenden Auseinandersetzung mit ihrem königlichen Schwager setzte sie sich durch. Ihre Tochter heiratete den Herzog Leopold von Lothringen. Von ihm empfing sie, ihm gebar sie vierzehn Kinder, darunter Franz Stephan, den späteren Gemahl der Kaiserin Maria Theresia. Aber ein – wie sie hartnäckig fand – nicht ebenbürtiges Schwiegerkind musste Liselotte sich doch gefallen lassen: Ihr Sohn heiratete eine Tochter Ludwigs XIV. und der Frau von Montespan.

Liselotte mochte die französische Küche nicht, die war ihr zu verfeinert. Ein Verehrer in Westfalen schickte ihr regelmäßig Schinken und Mettwürste, die rühmte sie, mal behaglich, mal begeistert. Aber im übrigen musste sie essen, was es gab – im Palais Royal zu Paris, in Saint-Cloud, in Versailles. Sie wurde dick, sah mit fünfzig aus wie heute eine füllige Siebzigjährige.

1701, nach zuletzt drei Jahren wieder einvernehmlichen Zusammenlebens, starb «Monsieur», unter Hinterlassung von sieben Millionen Louisdor Schulden. Aber «wie ich Euer Liebden [der Kurfürstin Sophie von Hannover] oft geschrieben und gesagt, so habe ich doch den armen Herrn nie gehasst, sondern lieb gehabt, so ungerecht er oft vor mich gewesen». Ludwig XIV. betrug sich seiner verwitweten Schwägerin gegenüber betont ritterlich, und sie gab sich einen Ruck und machte der Frau von Maintenon einen höflichen Besuch. Die war nach dem Tod der Königin (1683) die Ehefrau des Königs geworden (und verdrängte nach ein paar Jahren die Montespan vom Hofe), aber Liselotte kam nicht darüber hinweg, dass sie so niedrigen Ranges war – und so bigott – und so intrigant, «die alte Zott». In ihr sah sie das Haupt ihrer Feinde. Vielleicht nicht ganz zu Recht. Es gab wohl eher ein Intrigenspiel aller gegen alle. Liselotte hatte eine Reihe quälender Jahre durchzustehen.

Als im Jahre 1715 Ludwig XIV. starb, trauerte sie, wie es sich gehörte, und sie war auch von Herzen traurig, denn sie hatte ihn bewundert und gemocht. Aber sie war vor allem ungeheuer befreit. Da der einzige Sohn des Königs, «der große Dauphin», und kürzlich auch sein einziger Enkel, «der kleine Dauphin», gestorben und sein Urenkel erst fünf Jahre alt war, wurde der nächst-hohe Prinz von Geblüt als Regent bestellt. Das war Liselottes Sohn Philipp. Auf diese Weise war sie nun die ranghöchste Dame Frankreichs. Frau von Maintenon hatte am Hofe nichts mehr zu melden. Liselotte besuchte sie an ihrem Alterssitz, großmütig, die Großmut genießend, den Genuss manierlich verbergend.

Sie war krank und gesund, erhielt Besuch und reiste, war stolz auf ihren Sohn, freute sich an der Familie ihrer Tochter – besonders: dass deren Kinder ebenso fließend Deutsch wie Französisch sprachen –, repräsentierte bei höfischen Festen, interessierte sich für die Affären an den europäischen Höfen, las jeden Tag ein Kapitel aus dem Alten und eins aus dem Neuen Testament. Und schrieb Briefe, in der vorletzten Zeit vor allem an ihre Halbschwester Raugräfin Louise.

Ihre letzte Begleiterin war eine – wenn überhaupt – bagatell-adelige Kammerfrau. Die kniete neben dem Bett nieder und küsste ihrer Fürstin die Hände. Da sagte Liselotte

– so wird überliefert: «Küssen Sie mir nicht die Hände; küssen Sie mich auf den Mund; ich gehe in ein Land, in dem es keine Standesunterschiede gibt.»

In jenem Land gibt es nicht nur keinen Unterschied der Stände, sondern auch keinen der Nationen, auch keinen der Konfessionen, auch keinen der Geschlechter. Damit ist nicht gesagt, dass es jenes Land gibt. Aber Liselotte hatte in diesem Glauben gelebt und starb nun in ihm, und wer möchte ihr nachrufen, dass sie sich geirrt hat?

Sten Nadolny

ICE-Fahrer
Gesprächsthema Ausländer

Im Intercityzug zwischen Hamburg und Hannover.

«Oh Entschuldigung!» sagte A. und zog den Ellbogen ein.

«Keine Ursache», antwortete A., «die Großraumwagen sind wirklich etwas eng...»

«Aber man sieht aus ihnen mehr», fand A.

«Ich kenne die Strecke», sagte A., «wollen Sie ans Fenster?»

Sie fassten sich zum erstenmal genauer ins Auge. A. erkannte einen blassen, dunkelblonden Mann von Mitte dreißig, mit leichtem Bauchansatz, Seidenkrawatte. A. fing das Bild eines Mannes mit spärlichem Haar und Bauchansatz auf, Alter um die vierzig, Baumwollkrawatte.

«Sehr freundlich, danke! Aber wirklich nicht nötig, hier ist mir die Gegend zu flach, und ich muss ja auch arbeiten.»

Er holte Papiere aus dem flachen Diplomatenkoffer. A.'s Schrägblick entzifferte auf der Akte des Nachbarn das Wort «Perspektiven». Jeder dachte: Ganz nett; ein bisschen langweilig.

Im Speisewagen war dann nur noch ein Zweiertisch unbesetzt. So kamen sie erneut zusammen.

«Wenn das Stationsschild nicht wäre, könnte es jeder beliebige europäische Bahnhof sein», meinte A. beim Halt in Hannover und betrachtete die Wartenden auf dem Bahnsteig. Menschen aus aller Herren Ländern, dunkle Gesichter, Kopftücher, japanische Gesichter. «Was sage ich – jeder Bahnhof der Welt!»

So begann das Gespräch über das Thema «Ausländer».

«Erstens werden sie gebraucht», sagte A., «unsere Wirtschaft würde...»

«Völlig Ihrer Meinung! Und bitte unsere Renten nicht vergessen! Irgendwo müssen die Kinder herkommen, die später arbeiten und alles bezahlen sollen.» Den Wein gab es hier nur in unglaublich kleinen Flaschen. «Könnten wir noch zwei Rieslinge bekommen, bitte?»

«Dann das geistige Leben, die Anregung – man kann nicht immer nur mit der eigenen Sorte reden...» – A. hob das Glas – «Na, in diesem Sinne...» A. folgte ihm, machte aber plötzlich ein nachdenkliches Gesicht. «Es gibt natürlich Probleme. Die sind gewissermaßen der Preis...»

«Ja, zu viele dürfen es nicht werden!»

«Probleme?»

«Ausländer. Sehen Sie sich die berühmten ‹Schmelztiegel› an, die Einwanderungsländer in der ganzen Welt: Wo verschiedene Rassen friedlich zusammenleben, sagen wir, friedlich zu 95 Prozent, da gibt es immer auch einen gewissen Rassismus, sagen wir, 5 Prozent.»

«Das ist der Preis. Und damit es nicht mehr als 5 Prozent werden, muss es eine Grenze geben. Ungebremst darf Einwanderung nicht sein.»

A. wurde eifrig. «Ich spreche nicht gern von ‹Rassen› – man erscheint dann schnell in einem falschen Licht. Aber es gibt Mentalitätsunterschiede, nicht? Und man muss auch mit den einfacheren Deutschen rechnen, die nicht alles verstehen. Nehmen wir die Türken: Sie sehen nicht nur anders aus, sie sind auch aus anderen Gründen und bei anderen Gelegenheiten zufrieden, begeistert oder – gekränkt!»

«Zum Beispiel bei Fragen, die Mann und Frau betreffen, ja. Dieser alles erdrückende Ehrbegriff. Und das hat noch nicht einmal mit dem Islam zu tun, die Griechen sind nämlich genauso.»

«Nun sollte man nicht pauschalisieren, es gibt ja…»

«In allen Nationalitäten…»

«Ausnahmen, richtig. Trotzdem sollte man auf etwas Völkerpsychologie nicht verzichten. Niemand sollte so naiv sein und sagen: ‹Die Menschen sind gleich›. Aber wir sind einfach verpflichtet, Tatsachen zu erkennen und zu respektieren. Ich jedenfalls fühle mich verpflichtet, möglichst viel zu wissen und mich nach dem zu richten, was ich weiß. Verstand ist eine Verpflichtung, darum kommen wir nicht herum», sagte A.

«Mir geht es genauso», beeilte A. sich zu versichern. Da auch er Verstand hatte, fühlte er dieselbe Verpflichtung.

«Was machen Sie beruflich, wenn ich fragen darf?» A. hatte gewusst, dass A. die Frage stellen würde. Und A. hatte gemerkt, dass sie A. auf der Zunge lag; er war ihm nur zuvorgekommen.

«Arzt», sagte A. «Chirurg, um genau zu sein. Sie?»

«Gewerkschaftler», antwortete A., «allerdings habe ich mit meiner Frau zusammen ein Antiquitätengeschäft…»

«Sie können Sie sich über Mangel an Arbeit sicher nicht beklagen.»

«Sie bestimmt auch nicht. Krankenhaus oder eigene Praxis?»

«Krankenhaus. Ich gehe in den Wagen zurück, kommen Sie mit?»

Auf ihren Plätzen schliefen beide ein. So klein waren die Weinflaschen nun auch wieder nicht gewesen. Und wie durch Zauber war das Gesprächsinteresse abgeflaut, sobald jeder den Beruf des anderen erfahren hatte. Es war, als hätten sie nur das Spiel gespielt: Wer sagt dem anderen zuerst den Beruf?

In Frankfurt stieg der Kunsthändler-Gewerkschaftler aus. Er gab dem Arzt seine Visitenkarte: «Wenn Sie mal nach Frankfurt kommen, rufen Sie an, wir trinken ein Bier zusammen.» Auch notorische Weintrinker pflegen sich in plötzlichen Fällen von Sympathie «auf ein Bier» zu verabreden, kein Mensch weiß, warum. «Bier» heißt eben mehr als Bier.

«Gern», antwortete A. und zog ebenfalls eine Visitenkarte, «Sie sollten dasselbe tun, wenn Sie in Karlsruhe sind.» A. las A.'s Karte.

Heinz Ahlmann. Büro: Telefon/Fax. Privat: Telefon/Fax.

Gleichzeitig las A. A.'s Karte. Dr. med. Ümit Arpacioğlu. Oberarzt Neurochirurgische Klinik Karlsruhe. Büro: Telefon/Fax. Privat: Telefon/Fax.

«Was denn, Sie ein Ausländer??»

«Es gibt hellhäutige, blonde Menschen in der Türkei», lächelte Herr Arpacioğlu, «sie heißen ‹Lazen›.»

Es folgte eine doppelt freundliche Verabschiedung. Dann stand Heinz Ahlmann im Gang und dachte heftig nach. Man kann nicht genug aufpassen, dachte er. Sieht aus wie ein Deutscher, spricht wie ein Deutscher, hat Ansichten wie ein Deutscher. Hoffentlich habe ich ihn nicht beleidigt, Ausländer sind so schrecklich sensibel. Und dabei immer höflich – du merkst kaum, wenn du sie verletzst! Das macht es ja so schwierig.

Er überlegte fieberhaft, was er im Laufe des Nachmittags gesagt hatte. War er womöglich ehrlich gewesen?

Man kann nicht genug aufpassen.

Ursula Krechel

Rosa Luxemburg
«Nur durch den Willen der großen Mehrheit»

Rosa Luxemburg hat den Deutschen viel geschenkt. Ihre Arbeitskraft, die Schärfe ihrer Analyse des Zeitgeschehens, die Kraft ihrer schneidenden Polemik, ihre Phantasie, ihren politischen Weitblick, der dennoch nicht weit genug reichte, die Erschütterungen im Nachkriegsdeutschland vorauszusehen. Ihr Leben hat sie den Deutschen nicht geschenkt. Sie haben es ihr genommen. Mit der gleichen Unerbittlichkeit, mit der die Deutschen den jungen, schwachen, nachfeudalistischen Staat, der erst später in den Köpfen seiner Bürger die «Weimarer Republik» wurde, von Anfang an zum Opfer werden ließen. Dieser Staat wirbelte in einem Strudel von Gewalt, wurde zerrissen zwischen den Parteiungen: einer deklassierten militärischen Elite, einer hochentwickelten, mit Utopien und Idealen zugerüsteten, schier gepanzerten Intelligenz, einer ausgepowerten, apathischen Bevölkerung, uneins mit den Freunden, taktierend mit wechselnden politischen Gegnern. Mit dieser Missachtung des politischen Gegners und im weiteren: seiner physischen Vernichtung begann und endete diese neue deutsche demokratische Republik – gezeichnet durch einen politischen Mord, durch die ungesühnte Lynchjustiz an zwei herausragenden Politikern der radikalen Linken, Karl Liebknecht und Rosa Luxemburg. So vernichtete sie sich selbst.

An ihrem Anfang, zwischen Sozialdemokratie, USPD, dem Spartakusbund mit den kaum organisierten Soldaten- und Arbeiterräten und der Gründung der KPD, schäumt die Hefe auf. Die Revolution scheint unvermeidlich. Auf dem Gründungskongress der Kommunistischen Partei Deutschlands verkündet Rosa Luxemburg: «Die proletarische Revolution bedarf für ihre Ziele keines Terrors, sie hasst und verabscheut den Menschenmord.» Aber der Gärungsprozess, der Gewalt und Terror nach sich zieht, deren Opfer Rosa Luxemburg wird, ist nicht mehr aufzuhalten.

Rosa Luxemburg hatte in ihrem geistigen Testament, dem Programm des Spartakusbundes, geschrieben, dass Spartakus «die Macht nur durch den Willen der großen Mehrheit der Masse übernehmen» werde. Ein Satz, geschrieben im utopischen Geist einer liberalen, unerschütterbaren westlichen Demokratie, die es in Deutschland noch nicht gegeben hat, die wünschenswert war als eine kulturelle Errungenschaft des 20. Jahrhunderts. Doch am Ende des Jahres 1918 in Berlin war dieser Satz sicher politisch naiv und allzu idealistisch. Die Masse – das bedeutete Aktion, Appelle, Agitation und schloss das doch geduldige und beharrliche Warten auf das Aufholen von Rückständen ein. Die Revolution 1918/19 in Deutschland wäre – wenn sie zum Ziel geführt hätte – keine proletarische gewesen, sondern eine der Verunsicherten, Deklassierten, aus der Bahn Geworfenen, der von den Schlachten verschonten Kriegsheimkehrer. In Deutschland herrschten eben gänzlich andere Voraussetzungen als in Russland. Rosa Luxemburg erwartete, dass das Land, in dem sie ins Gefängnis geworfen und aus ihm wieder entlassen worden war, in dem sie unerschüttert weiterlebte (doch mit einer bleibenden Angst vor Menschenzusammenballungen), den «langen Weg» gehen werde, den der Bolschewismus in Russland machtpolitisch radikal abgekürzt hatte. Der Taumel von einigen Monaten 1918/19, eine Reihe dramatischer Aktionen, die Gewissheit, dass sie die zu weiteren Aktionen drängende Masse nicht allein lassen dürfe, obwohl deren Ziele politisch nicht umsetzbar sind – mit alledem war Rosa Luxemburg plötzlich Geisel ihrer eigenen scharfen Abgrenzungspolitik. Daneben nur noch der Abgrund.

Liebknechts und Luxemburgs Einschätzung der Masse nach dem Weltkrieg war falsch. Das unerbittliche Festhalten an einer Politik der reinlichen Scheidung (keine Zusammenarbeit mit denen, die die Menschen in den Krieg gehetzt hatten!) grenzte sie aus. Nun richtete sich die scharfe Polemik, deren sich die beiden bedient hatten, gegen sie. Theorie und Praxis klafften auseinander. Es verbietet sich, darüber zu spekulieren, wie sich die sozialistische Bewegung in Deutschland entwickelt hätte, wenn Rosa Luxemburg nicht Märtyrer-Ikone geworden wäre, sondern eine umstrittene Führerin der deutschen KP. Als entschiedene Internationalistin und Gegnerin einer bolschewistischen Vorherrschaft war sie entschlossen, den Nationalismus nur als Zugeständnis an einen bourgeoisen Nationalitätenkonflikt zu dulden. Sich diese freizügige, energische Denkerin im Mahlstrom des beginnenden Stalinismus vorzustellen, in dem so viele ihrer Freunde aus der frühen polnischen Sozialdemokratie umkamen, ist nahezu unmöglich.

Mythenbildung, Mysterienspiele der Weiblichkeit. Ihre Freundin Luise Kautsky schrieb über sie: «Rosa war eine entzückende kleine Hausfrau, die es mit ihrer Pflicht als Gastgeberin sehr wichtig nahm, dabei aber witzig und schlagfertig die Unterhaltung beherrschte.» Leidenschaftlichkeit versus politische Vernunft. Politische Arbeit, je länger, um so weniger aufgehoben in der Leidenschaftlichkeit. Das Große in die Enge getrieben. Sie liebte die zweizimmrige Wohnung im ruhigen Berliner Stadtteil Friedenau, später die Stadtrandwohnung in Südende: ein rotes Zimmer, ein grünes Zimmer, perfekte Systematik und Ordnung unter ihren Dingen und Papieren, einsichtig auch für die Helfer und Helferinnen. Sie bevorzugte großgewachsene kräftige Dienstmädchen, die ihre physische Tüchtigkeit nicht mehr beweisen mussten. Sie – zierlich, seit ihren Kindertagen einem Hüftleiden trotzend. Im Januar 1919, nach dem Scheitern der Revolution, war sie auf der Flucht, jede Nacht in einer anderen Wohnung. Als sie aufgespürt wurde, wussten ihre Häscher gleich, wen sie vor sich hatten.

Ihr Erbe vermochte niemand anzutreten. Rar werden heute die Zusammenballungen älterer, über ihren Zusammenbruch hinaus DDR-staatstreuer Mitbürger, die in entleerten Ritualen vor der laufenden (West-)Kamera krächzend singen: «Auf, auf zum Kampf, zum Kampf sind wir geboren ... Dem Karl Liebknecht haben wir's geschworen, der Rosa Luxemburg reichen wir die Hand.» Die gereichte Hand ist zittrig geworden, die Ostrenten – in Anpassung an die Westrenten – sind geklettert, den alten Leuten verwirrt sich der historische Sinn. Ein paar rote Nelken am Landwehrkanal, an der Stelle, an der Rosa Luxemburgs Leichnam gefunden wurde. Der Faden der Geschichte scheint abgeschnitten. Die Geschichte friert. Sie hat genug Tode produziert, hält sich nicht mit Weihebezeigungen auf.

In der Geschichte des politischen Denkens stehen Rosa Luxemburgs Schriften an einem Scheideweg. Treu der Idee des dialektischen Materialismus, bekennt sie sich gleichzeitig zum Ideengut einer humanistischen, geduldig fortarbeitenden Demokratie. Als Revolutionärin ist sie Skeptikerin, lässt sich weder von einer Massenbewegung fortreißen, noch stachelt sie die Massen auf. Dazu setzen ihre Schriften einfach zu viel voraus. Es gelang nie, Rosa Luxemburg in das Konzept von Weltrevolution und proletarischer Diktatur einzupassen. Zeitlebens blieb sie der Idee vom Massenstreik als einer Initialzündung – also der Dramaturgie der russischen Ereignisse von 1905/1906 –

verhaftet. «Der Kampf um den Sozialismus kann aber nur durch die Massen, unmittelbar Brust an Brust mit dem Kapitalismus ausgefochten werden, in jedem Betrieb, von jedem Proletarier gegen seinen Unternehmer... Der Sozialismus wird nicht gemacht und kann nicht gemacht werden durch Dekrete, auch nicht von einer noch so ausgezeichneten Regierung.» Die weniger oder ganz und gar nicht ausgezeichneten Regierungen haben sein menschliches Gesicht zur Fratze verzerrt. Auf die große, unentschiedene Frage: Machen politisch denkende Menschen eine Revolution oder führen sie sie? antwortete Rosa Luxemburg: Sie führen sie.

Sten Nadolny

Der Übermensch
Unheimliche Begegnung mit der Willenskraft

Wenn Gedanken von Philosophen über Generationen hin Einfluss haben, scheint das zunächst eine gute Sache zu sein. Wer wünschte sich nicht mehr Klarheit in den Köpfen um ihn herum (manchmal sogar im eigenen)? Und dass gewissenhaft nachdenkende Philosophen mehr Geist in die Welt bringen können – wir werden nie aufhören, es zu glauben. Im Prinzip stimmt es ja.

Man muss allerdings sehen: Meist sind es nicht die Gedanken selbst, welche Einfluss gewinnen, sondern die Missverständnisse, die über sie im Umlauf sind.

«Iss», sagte die Mutter zum kleinen Andreas, «iss deinen Teller leer, damit du groß und stark wirst!» Andreas hat übrigens bis heute seine Teller leer gegessen und wirkt, sagen wir, äußerst stattlich. Natürlich hatte er als Halbwüchsiger erkannt, dass Größe und Stärke nicht nur vom Essen kamen, nicht einmal nur vom Lernen oder Üben. Er musste auch den Willen zur Größe haben, sein Denken durfte nicht nur vernünftig sein, es musste geeignet sein, ihn außergewöhnlich, berühmt und erfolgreich zu machen.

Mit solchen Wünschen unterschied sich Andreas kaum von vielen anderen Siebzehnjährigen. Er aber behauptete eines Tages mit großem Ernst, dem Philosophen Nietzsche entscheidende Erkenntnisse zu verdanken. In Wirklichkeit hatte er so gut wie nichts von ihm gelesen, kannte nur Schlagwörter wie «Übermensch» oder «Wille zur Macht». Da er ohnehin um jeden Preis ein herausragender und mächtiger Mensch werden wollte, genügten ihm die Schlagwörter. Er fürchtete sogar, sie könnten ihre begeisternde, «groß» machende Wirkung verlieren, wenn er Nietzsches Gedankengänge genauer kannte.

Das Wichtigste, fand er, war «Willenskraft». Niemand und nichts sollte sich ihm entgegenstellen können. Er gewöhnte sich an, starr und roboterhaft dreinzublicken, besonders wenn andere ihn kritisierten. Der Übermensch war nicht zu beirren, der Übermensch dachte, redete und handelte jederzeit übermenschlich. Er lehnte es ab, irgendetwas zu tun, was andere in der gleichen Situation getan hätten. Er gab, wenn es sich vermeiden ließ, keiner «normalen» Regung nach. Hatte er etwas angekündigt, dann machte er es wahr. Hatte er sich vorgenommen, Streit anzufangen, ein Mädchen zu küssen oder mit seinen Skiern in Schussfahrt einen Steilhang hinabzufahren, so tat er es, auch wenn «normale» Menschen es nach Prüfung der Situation bestimmt unterlassen hätten. Er fiel oft auf die Nase. Aber für den Übermenschen gab es keine ungeeigneten Situationen, es gab nur Mangel an Willenskraft.

Nichts tat oder sagte er zum richtigen Zeitpunkt oder wenn es willkommen war. Er redete pathetisch und vorwurfsvoll, wenn andere gerade guter Laune waren, er wurde launig, wenn es nichts zu lachen gab. Und wenn er entschlossen war, eine Rede zu halten, ergriff man besser die Flucht. Wer die Wahrnehmung abgeschafft hatte, für den gab es auch keine Peinlichkeit: «Widerstände sind dazu da, überwunden zu werden.»

Er kontrollierte sich jede Sekunde. Was hatte der Übermensch jetzt zu tun, was war im Moment das Anstrengendste, das, was kein anderer unternehmen oder durchhalten konnte? Was die bequem vor sich hin lebende Mehrheit «falsch» nannte, war richtig! Man brauchte bloß genügend Kraft dazu.

Er wurde auch für seine besten Freunde zu anstrengend, ja unerträglich, und war daher bald völlig allein. Gut, sagte er, die Masse ist gegen den Starken. Einsamkeit ist, was der Übermensch aushalten muss, und nur er kann es. – Er konnte es glücklicherweise nicht!

Während seiner besonders peinlichen Rede zur Abiturfeier begann er zu stottern und zu weinen. Schlagartig hatte ihn die Ahnung befallen, dass die Welt sich um seine Versuche, ihr Gewalt anzutun, wenig kümmerte. Dass er nur sich selbst Gewalt antat. Und dass er darunter zusammenbrechen würde. Kaum merkte er es, trat es auch schon ein.

Aber siehe da, es gab jetzt einige, die ihn trösteten. Er begann sich zu ändern. Zunächst entwickelte er ein neues System mit einer «Theorie der Entspannung und des Genusses». Die Sache schien ganz besonders anstrengend zu werden. Wie durch ein Wunder vergaß er sie aber, als er Olga kennenlernte.

Heute ist Andreas ein runder, schwerer Mann mit Humor und lebhafter Wahrnehmung, ein guter Vater, kann schweigen, lange zuhören, überzeugend reden. Beruf: Theaterschauspieler.

«Übermensch?» antwortet er auf meine Frage. «Natürlich erinnere ich mich. Gut, dass damals nicht Krieg war, ich eignete mich schrecklich für ihn.»

«Hast du Nietzsche je gelesen?»

«Später ja. Er hat alles etwas anders gemeint. Jedenfalls nicht anstrengend und verkrampft, eher – göttlich!»

Andreas ist dafür bekannt, krankhaft ehrgeizige, gewaltsame, situationsblinde Menschen darstellen zu können, Tyrannen und Hitlerfiguren, ohne sie zu puren Zerrbildern werden zu lassen. Er zeigt Menschen, denen die kommende Katastrophe ins Gesicht geschrieben ist, mit etwas Glück eine lehrreiche.

Was Nietzsche mit dem «höheren», dem «Übermenschen» wirklich gemeint hat? Wohl keinen, der unter dem

Zwang steht zu siegen, keinen Gefangenen seiner selbst, keinen willentlich Blinden. Aber man lese selbst nach, und zwar in Ruhe. Nicht immer entsteht aus den Abenteuern des Missverstehens gutes Theater.

Jörg Steiner

Frieda Hiermeyer, 87 Jahre
Entsorgung

An ihrem vierundfünfzigsten Geburtstag erhielt die Vorsitzende der Senioren-Fürsorgestiftung «Fortuna» folgendes Schreiben:

Sehr geehrte Frau Wüthrich, Sie werden gewiss erstaunt sein, von mir schon wieder ein Lebenszeichen zu erhalten, nachdem ich mich doch bei Ihnen bereits vor drei Jahren mit einem Gedicht gemeldet habe.

Bis auf die Tatsache, dass ich keine Gedichte mehr mache, hat sich hier wenig verändert. Alle achten darauf, die Ordnung der Dinge nicht zu stören. Lange Zeit habe ich die Papierkörbe geleert. Hier, im Altersheim, werden sie in Plasticsäcke gekippt. Die Plasticsäcke werden zum Container in den Hof gebracht, die Container werden am Dienstag und am Freitag jeder Woche von einem Sammelwagen abgeholt und in die Müllverbrennungsanlage gefahren. Jetzt, im Dezember, ist die Entsorgung schwierig. Die Straße führt vom Schoßhalden-Hügel nach Ottikon hinunter und gleich wieder hinauf nach Winterbach. Das Heim ist außerhalb des Dorfes gebaut worden; darum bleibt der Schnee bei uns viel länger liegen als im Dorf. Die Müllmänner passen auf, dass sie nicht auf nassem Laub oder auf dem Glatteis ausrutschen, wenn sie die Plasticsäcke in den Sammelwagen werfen. Nach getaner Arbeit machen sie bei uns eine Kaffeepause und setzen sich dann wohl, wenn die Sonne scheint, für eine halbe Stunde im Friedhof oben in Winterbach an die Sonne. Ihr Tag ist, wie der unsrige auch, von festen Regeln bestimmt.

Nun muss ich zugeben, dass die Heimleitung jene Insassen, die gegen die Regeln der Hausordnung verstoßen, mit Gebissentzug bestraft; aber die Betroffenen sprechen nicht gerne darüber. Sie ziehen es vor, die Strafe schweigend zu ertragen. Im Alter ist es leichter, Hunger zu haben: Alter kennt eben auch seinen Trost.

Gestern machte uns unsere Heimleitung den Vorschlag, Sie um einen gelegentlichen Besuch zu bitten und Ihnen Glück zu Ihrem Geburtstag zu wünschen, was hiermit geschah. Es grüßt Sie mit vorzüglicher Hochachtung

Frieda Hiermeyer, Mutter, 87 Jahre

Friedrich Christian Delius

Luise von Preußen
«Mein Gott, das ist ja gegen allen Anstand!»

Weit über tausend Jahre lang sind die Deutschen von Kaisern und Königen regiert worden, und heute, gut achtzig Jahre nach Abschaffung der Monarchie, sind nur noch zwei Könige übrig, die eine gewisse Popularität behalten haben: Friedrich der Große und König Ludwig II. von Bayern. Und eine Königin: Luise von Preußen.

Aller Ruhm beginnt damit, dass jemand sich nicht an Erwartungen und Vorschriften hält, aus der Reihe tanzt und eigensinnig bleibt. Auch die Geschichte der Luise.

Im Dezember 1793 rollt eine elegante grüne Kutsche von Darmstadt nach Berlin. Zwei junge Prinzessinnen sitzen darin, begleitet von ihrem Vater, dem Bruder und der Großmutter. Luise von Mecklenburg-Strelitz ist mit dem preußischen Kronprinzen Friedrich Wilhelm verlobt, ihre jüngere Schwester Friederike mit dessen jüngerem Bruder Ludwig, und in den Weihnachtstagen soll die Doppelhochzeit gefeiert werden. Aschaffenburg, Würzburg, Hildburghausen, Erfurt, Weimar, Leipzig, überall jubelt man den schönen Bräuten zu. Der Triumphzug erreicht Preußen, nun werden die mecklenburgischen Prinzessinnen und ihre Familie von den stattlichsten Soldaten eskortiert, und in jedem Dorf, jedem Städtchen gibt es Begrüßungen, Böllerschüsse, Musik und Vivatrufe. Die Umschwärmten sind siebzehn und fünfzehn Jahre alt, sie spielen mit, sie staunen, wie der Jubel von Meile zu Meile zunimmt. In Potsdam steht die Menge Kopf an Kopf, die ganze Stadt ist erleuchtet und geschmückt. Am nächsten Morgen steigen die beiden Prinzessinnen in den goldenen Galawagen der königlichen Familie um, begleitet nicht mehr von Vater und Großmutter, sondern von zwei Hofdamen, die ihnen als Aufpasserinnen zugeteilt sind. Ganz Berlin ist auf den Beinen, Unter den Linden stehen die Bürger Spalier, Gilden, Zünfte, Deputationen salutieren. Kurz vor der Oper hat man eine Ehrenpforte erbaut, die Stadtoberen geben Huldigungen ab, Kinder singen und ein Mädchen überreicht Luise einen Myrtenkranz und ein Gedicht. Da geschieht das Unerhörte:

Luise umarmt das kleine Mädchen und küsst ihr die Stirn.

Die Hofdame Voss ruft entsetzt: «Mein Gott, was haben Eure königliche Hoheit getan, das ist ja gegen allen Anstand und Sitte!»

Und Luise: «Wie, darf ich das jetzt nicht mehr tun?»

Am nächsten Tag kennt ganz Berlin diese Antwort, und eine Legende entsteht, eine Lesebuchgeschichte. Ein richtiger Satz im richtigen Moment – und Luise ist ein Star. Eine künftige Königin, eine Frau von bestechender Schönheit und Anmut, doch was sie wirklich populär macht, sind ihre Natürlichkeit, ihre Liebe zu den einfachen Leuten und ihre spontanen Rebellionen gegen die höfische Etikette.

Luise bleibt, wie sie ist. Lebenslustig, klug, sinnlich und witzig, solch eine Frau eckt bei den Hofschranzen an, wird beliebt im Volk und ein Leitbild für das erwachende Bürgertum. Sie setzt am Hof den unanständigen Walzertanz durch. Sie lädt zu den Empfängen ins Schloss, die bislang dem Adel vorbehalten waren, auch Berliner Bürger ein. Sie unterstützt die politischen Reformer. Sie lässt sich mit ihrer Schwester Friederike vom Bildhauer Schadow als sinnliches Wesen verewigen und muss sich gegen den damaligen Pornographie-Verdacht wehren.

Den größten Skandal aber macht die Liebe. Es spricht sich herum, dass Friedrich Wilhelm und Luise sich wirklich lieben. Eine Liebesheirat in allerhöchsten Kreisen, das hat es in Preußen seit Menschengedenken nicht gegeben. Friedrich Wilhelm II. war berüchtigt für seine Casanova-Allüren, Friedrich der Große für seinen Weiberhass und Friedrich Wilhelm I., der Soldatenkönig, für seine Tyrannei gegenüber Frau und Kindern. Und nun: Friedrich Wilhelm III. und Luise, ein Liebespaar auf dem Thron, eine Liebe, die auch nach der Geburt der Kinder nicht nachlässt, es werden neun Kinder in 14 Jahren. Auch in anderen Herrscherhäusern Europas kennt man eine solche Sensation kaum: Ein König, der seine Frau verehrt und respektiert, auch ihre gelegentlichen Flirts mit anderen Herren aushält und ihr treu bleibt, und eine galante Königin, ebenso treu, die selbstbewusst, eigensinnig und einfühlsam ihrem Mann beisteht, sogar mit klugem Rat.

Zehn Jahre Glanz und Gloria, dann folgen, auch wegen des politischen Ungeschicks des Königs, die härtesten Zeiten für Preußen, vor allem nach 1806, der totalen Niederlage gegen Napoleon bei Jena und Auerstedt. Das Königspaar verbringt drei Jahre im Königsberger und Memeler Exil, der König hoffnungslos, ein Spielball seiner Berater – und des Kaisers Napoleon. Auch hier soll es neben Hardenberg vor allem Luise gewesen sein, die ihren depressiven und unentschlossenen Gatten zum Durchhalten ermutigte. Legendär ist ihr beherztes Auftreten gegenüber Napoleon, der vor ihrer Schönheit und Intelligenz seine ganze Vernunft zusammennehmen musste, um über dem Charmieren nicht die Politik zu versäumen. So konnte Luise später gefeiert werden als Patriotin und Retterin Preußens.

Von den vielen Geburten geschwächt, von den nasskalten ostpreußischen Wintern angeschlagen, von den Demütigungen Napoleons erschöpft, starb sie im Sommer 1810, nur ein halbes Jahr nach der Rückkehr aus dem Exil. Sie war 34 Jahre alt. Von allen vermisst und betrauert, wurde sie sogleich zur Nationalheiligen. Gerade weil sie so jung gestorben, weil kein Schatten des Alters auf ihr Gesicht gefallen ist, stieg sie in die Aura der Unsterblichkeit auf. Eine preußische Venus und Madonna.

Den Deutschen, zumal den Preußen, haftet nicht gerade der Ruf an, einen feineren Sinn für Erotik entfalten zu können. Luise scheint da eine Ausnahmegestalt gewesen zu sein. Luises Erotik und der preußische Militarismus – ein größerer Gegensatz ist schwer denkbar. Aber aus solchen Gegensätzen formt sich die Welt. Luise stellte, wenigstens für siebzehn Jahre, einmal das Gleichgewicht zwischen Eros und Thanatos her. Eine solche Ausnahme auf deutschem Boden ist alle Legenden, Biographien, Denkmäler und Gedenkstätten wert.

Preußen ist vergangen, aber Luises Bild als emanzipierter, kluger, eigensinniger, liebevoller, schöner Frau an der Spitze des Staates könnte, von allen Verkitschungen befreit, sogar den Ruhm von Friedrich dem Großen und Ludwig von Bayern überdauern.

Jens Sparschuh

Immanuel Kant
Die Weltreisen finden im Kopf statt

«Er trug einen kleinen dreieckigen Hut, eine kleine blond-
haarige, weißgepuderte Perücke mit einem Haarbeutel, ei-
ne schwarze Halsbinde, ein Oberhemd mit einer Halskrau-
se und Manschetten, ein mit Seide gefüttertes Kleid von
feinem, gewöhnlich schwarz, braun oder gelb meliertem
Tuche, wovon auch die Weste und die Beinkleider verfer-
tigt waren, grauseidene Strümpfe, Schuhe mit silbernen
Schnallen und einen Degen, als dieser in Gesellschaften
noch Mode war, später einen gewöhnlichen Rohrstock.»
So beschreibt Reinhold Bernhard Jachmann einen Mann,
von dem Heinrich Heine sagt: er sei nur mit einem bluti-
gen Scharfrichter zu vergleichen. Wobei dieser Vergleich
natürlich, wie Heinrich Heine nicht vergisst, sofort anzu-
merken, hinkt: Ein Scharfrichter richtet nämlich nur Menschen hin – während es sich bei diesem Herrn um einen der
größten Zerstörer im Reiche der Gedanken handelt, einen
«Weltzermalmenden», der an Terrorismus Maximilian
Robespierre weit übertrifft.

Ein deutscher Universitätsprofessor – als Terrorist? Und
noch dazu in grauseidenen Strümpfen? Geht denn das alles zusammen? Unter Umständen schon. Denn dass man
dem ersten Blick, der sinnlichen Wahrnehmung nicht ohne weiteres trauen kann, diesen Gedanken hat Immanuel
Kant, wie kaum ein zweiter, Zeit seines langen Lebens verfolgt.

Am 22. April 1724 wird Immanuel Kant in Königsberg
als Sohn eines Sattlermeisters geboren. Kant, dieser wohl
deutscheste aller deutschen Philosophen, hat das ost-

preußische Königsberg, im fernsten Zipfel des Reiches gelegen, hinter den masurischen Wäldern und Seen – niemals weiter als bis auf die Distanz von dreißig Meilen verlassen.

Geschadet hat ihm das nicht, im Gegenteil. In seiner Vorrede zur «Anthropologie in pragmatischer Hinsicht» erklärt er die Vorzüge einer Stadt, die durch den Seehandel mit fremden Ländern, Sprachen und Sitten, durch die Flüsse aber mit dem heimischen Binnenland in Verbindung steht: «...eine solche Stadt wie etwa Königsberg am Pregelflusse kann schon für einen schicklichen Platz zur Erweiterung sowohl der Menschenkenntnis als auch der Weltkenntnis genommen werden; wo diese, auch ohne zu reisen, erworben werden kann.»

Kants Weltreisen finden also ausschließlich im Kopfe statt. Er fährt mit dem Finger über die Blätter der philosophischen Schriften seiner Vorgänger; viele seiner Werke haben daher im Titel den Terminus *Kritik*. Vor allem kritisiert Kant das Dilemma, das sich zwischen John Lockes Sensualismus und David Humes subjektivem Idealismus auftut. Da die bisherige Philosophie, wie Heine schrieb, «schnüffelnd an den Dingen herumlief und sich Merkmale derselben einsammelte und sie klassifizierte», lief sie Gefahr, entweder in der Fülle der Erscheinungen unterzugehen oder aber, weil die Erscheinungswelt ja ziemlich bunt und widersprüchlich ist, die Existenz der Dinge überhaupt zu leugnen.

Kants *Kopernikanische Wende* in der Philosophie bestand nun darin, die Dinge wieder zurecht zu rücken, d.h. einen Fixpunkt zu finden. (So gesehen bekommt auch Kants Verharren an einem Ort, in Königsberg, geradezu eine philosophische Bedeutung: Kant hat die Welt bewegt, ohne sich selbst groß vom Fleck zu bewegen.) Kant stellt in den Mittelpunkt der Aufmerksamkeit das erkennende Subjekt, ohne dessen kategorialen Kopfapparat Erkenntnis schlechterdings unmöglich wäre. Wir sehen nur, was wir wissen.

Die Unterscheidung zwischen den Erscheinungen der Dinge und den Dingen an sich rettet die Welt der Dinge schließlich aus den Malaisen einer flüchtigen und launischen Wahrnehmung, auf die so wenig Verlass ist.

Als Kant aber seine Kritik der «theoretischen Vernunft» geschrieben hatte, merkte er, dass in seinem neuen Weltgebäude kein Platz mehr für Gott war.

Das ist schade, weil es doch auch ganz praktisch ist, einen Gott zu haben. Also setzte er sich noch einmal hin und schrieb die «Kritik der praktischen Vernunft». Es kann doch nicht sein, sagte er sich, dass wir ohne einen Gott leben müssen, einen lieben Gott, der ein bisschen auf uns aufpasst. Eine der schönsten und menschlichsten Volten in der Kantschen Philosophie! Seine Vorgehensweise erinnert hier übrigens sehr stark an Christian Morgensterns Palmström:

Weil, so schließt er messerscharf,
nicht sein *kann*, was nicht sein *darf*.

Die Welt und Gott (letzterer zumindest als regulative Idee) – also glücklich gerettet!

Indem Kant das Allgemeine, das Gesetz, nicht auf dem Altar der Mannigfaltigkeiten opferte, kann der Mensch nun auch seinen Platz in der Welt verantwortungsvoll bestimmen.

Der kategorische Imperativ stiftet die Verbindung zwischen dem allgemeinen Gesetz und jedem einzelnen Menschen: «Handle so, dass die Maxime deines Willens jederzeit zugleich als Prinzip einer allgemeinen Gesetzgebung gelten könne», lautet dieser Grundsatz. Einfacher gesagt: «Handle so, dass dein Handeln Gesetz werden könnte.»

Oder noch einfacher: Wenn nun jeder seinen Abfall auf den Boden wirft, sieht die Straße bald schauderhaft aus.

Kant, dessen Wirkung auf die europäische Philosophie der Neuzeit kaum hoch genug eingeschätzt werden kann, hat sein gigantisches Lebenswerk, das neben Arbeiten zur Erkenntnistheorie und Moralphilosophie auch kosmogonische, ästhetische und viele andere Themen umfasst, einem von früh auf schwachen, kränklichen Körper abtrotzen müssen: eine verwachsene rechte Schulter, Brustenge und, zeitlebens, ein mehr oder minder starker Hang zur Melancholie. In seinen letzten Jahren kam ein dauernder Kopfschmerz hinzu. Dessen Ursache vermutete Kant in der sprunghaften Erhöhung der Luftelektrizität infolge des großen Katzensterbens von Kopenhagen.

Als im Alter sein linkes Auge erblindete, bemerkte er es lange nicht, weil das andere ja noch hinlänglich seinen Dienst tat. Kants Körper ist eine Denkmaschine, wird morgens also mit einer Tonpfeife angeheizt, später lässt man heißen Tee hineinlaufen. Tagsüber, bei der Sitzarbeit am Schreibpult, ist streng darauf zu achten, dass die Gelenke nicht einrosten. Zu diesem Zwecke plazierte Kant sein Schnupftuch vorsätzlich auf einem Stuhl im entlegensten Winkel des Kabinetts. So muss er bei der Arbeit hin und wieder aufstehen. Eine seiner kleinen Schriften widmete er übrigens dem von Philosophen bis dahin kaum beachteten Thema: «Von der Hebung und Verhütung krankhafter Zufälle durch den Vorsatz im Atemziehen». Dort beschreibt er die folgende Entdeckung: «Ich war vor wenigen Jahren noch dann und wann vom Schnupfen und Husten heimgesucht, welche beide Zufälle mir desto ungelegener waren, als sie sich bisweilen beim Schlafengehen zutrugen. Gleichsam entrüstet über diese Störung des Nachtschlafs entschloss ich mich, was den ersteren Zufall betrifft, mit festgeschlossenen Lippen durchaus die Luft durch die Nase zu ziehen: welches mir anfangs nur mit einem schwachen Pfeifen, und da ich nicht absetzte oder nachließ, immer mit stärkerem, zuletzt mit vollem und freiem Luftzuge gelang, es durch die Nase zu Stande zu bringen, darüber ich dann sofort einschlief.»

Das war insofern auch wichtig, weil jeden Morgen punkt 5 Uhr sein Diener Martin Lampe in der Tür stand, um ihn mit dem lauten Rufe «Es ist Zeit» wieder zurück ins Leben und zur Pflicht zu rufen.

Es ist viel über den trockenen Kanzleistil in Kants Schriften gespottet worden, aber einer der schönsten Texte deutscher Sprache, der in keinem Lesebuch fehlen darf, stammt auch von ihm. Unter dem Titel «Was ist Aufklärung?» (1784) ist er der Beantwortung einer Preisfrage der preußischen Akademie gewidmet. Die Kurzdefinition, die Kant gleich im Eingang des Artikels gibt – «Aufklärung ist der Ausgang des Menschen aus seiner selbst verschuldeten Unmündigkeit» – ist inzwischen klassisch geworden. Aber dass Kant, der sein Leben lang an diesem Mündigwerden des Menschen gearbeitet hat, einen großen, sehr verständigen und sehr verständnisvollen Passus dieses Textes den *Freuden der Unmündigkeit* widmet, zeigt, dass dieser kleine Mann nicht nur ein hervorragender Philosoph, sondern auch ein Mensch und ein großer Menschenkenner war.

Sten Nadolny

Hans im Glück
Wes Geistes einer ist

Wie fängt man ein Gespräch an? Vielleicht eine seltsame
Frage, denn meist ergeben sich Gespräche entweder von
selbst, zum Beispiel aus einer gemeinsamen Beobachtung,
oder sie beginnen mit dem, was einer vom anderen will:
«Stört es Sie, wenn ich das Fenster öffne?» Aber es gibt
Gelegenheiten, bei denen Menschen ein Gespräch beginnen wollen und nicht wissen, wie. Zudem gibt es noch Leute, die die Welt verbessern wollen, und zwar, indem sie
selbst gut sind. Sie sind meist auch der Ansicht, dass Menschen mehr miteinander reden sollten. So versuchen sie
wenigstens ihrerseits, Gespräche zu beginnen. Aber wie?

Diesen Ratlosen kann geholfen werden. Meine mütter-
liche Freundin, ihr Name ist Charlotte, hat ein wirksames
Rezept gefunden, jeden, aber auch jeden in ein Gespräch zu
verwickeln. Und ohne die bekannten Nebenwirkungen:
Krankheitsgeschichten, Großsprecherei, Vorwürfe gegen
Dritte, Moralisieren.

Charlotte will nicht gut oder vorbildlich sein, sie ist nur
neugierig auf das, was in Köpfen vorgeht. Sie liebt übrigens Märchen und hat an einige eine genaue Erinnerung
seit der Kindheit. Wie fast alle Menschen auf der Welt.

Ich habe ihre Methode ausprobiert. Und sie geht!

Sie stupsen einfach mit dem Finger auf die Zeitung, die
Sie gerade lesen, oder auf die Seite eines Buches, oder blik-
ken in die Luft und wenden sich dann abrupt Ihrem Opfer
zu: «Hans im Glück! Sagen Sie – Hans im Glück – wissen
Sie noch, wie die Geschichte ging? Der hatte eine Kuh,
nicht? Ich krieg's nicht zusammen...»

Sie bekommen auf diese Frage viele Antworten, und keine gleicht der anderen. Sie erkennen sofort die Pedanten: «Das ist doch eines von den Märchen, die die Brüder Grimm gesammelt haben. Anfang des neunzehnten Jahrhunderts also. Ja, den genauen Inhalt könnte ich jetzt nicht sofort... das müsste ich nachschlagen. Am Anfang hat er einen großen Goldklumpen, und am Schluss nichts mehr. Er tauscht, was er hat, immer wieder ein, und jedes Mal gegen Schlechteres. Ein Dummkopf.»

Oder Sie begegnen jemandem, der aufblüht, wenn er in seine eigene Kindheit zurück darf, und er hat nichts vergessen: «Ja, aber das war ein Goldklumpen. Den bekommt er von seinem Meister, weil er so treu und fleißig gewesen ist. Jetzt will er zu seiner Mutter zurück. Am Ende kommt er dort an, das ist die Hauptsache, und er ist glücklich, weil sie noch lebt und ihm einen guten Brei kocht.»

Sie treffen den Gedächtnisstolzen, der die Augen zukneift und nach scharfem Nachdenken das Skelett des Märchens präsentiert: «Erst der Goldklumpen, der ist dem Hans zu schwer. Da kommt einer mit einem Pferd, will den Goldklumpen haben, preist das Pferd: man müsse es nicht schleppen wie einen Goldklumpen, im Gegenteil, das Pferd trage den Reiter. Aber dann wirft das Pferd den Hans ab. Es kommt wie gerufen ein anderer, der ihm eine Kuh anbietet. Die werfe niemanden ab, sondern gebe Milch. Allerdings muss Hans sie melken. Da kommt einer mit einem Schwein...»

Oder es entpuppt sich jemand als Philosoph: «Hans im Glück? Das einzige deutsche Märchen, in dem sich jemand von störendem Besitz zu trennen versteht – und das ohne christliche Frömmelei! Als seine Hände leer sind, ist er glücklich und zu Hause.»

Dann gibt es die, die sofort Parallelen ziehen: «Hans. Genau! Goldklumpen. Erinnert mich an einen der Studenten von 1968, wie hieß er gleich? Erbte sieben Millionen Mark und übergab sie dem Vietcong zur Fortsetzung des ‹antiimperialistischen Kampfes›. Wir waren voll Bewunderung, schüttelten aber die Köpfe. Zwanzig Jahre später atmeten wir auf: Der Mann bekam eine Beamtenstellung, war endlich sicher, auch vor sich selbst.» Oder Sie hören aktuelle deutsche Politik: «Hans im Glück, das ist ein Vorbild für die sogenannten ‹Alteigentümer›, die wegen der Wiederherstellung alter Rechte Grundbesitz in der ehemaligen ostdeutschen Republik übernehmen könnten. Sie wissen zwar nicht, was sie damit sollen, aber sie sind unfähig zu verzichten. Die Lehre des Märchens lautet: Weg damit! Verschenken oder so gut wie verschenken! Dann bist du frei, hast sogar moralisch gehandelt!»

Oder die psychologische Erklärung, die auf das Gegenteil hinausläuft: «Hans fühlt, dass Besitz Verantwortung bedeutet. Er will aber nicht erwachsen werden, sondern Kind bleiben. Daher erfindet er mit großer Intelligenz Gründe, warum er seinen Besitz so lange verkleinern muss, bis nichts mehr davon da ist. Dann geht er zu seiner Mutter, und sie kann ihm jetzt wirklich Mutter sein, denn er kommt wie ein Kind vom Spielen, mit leeren Händen und hungrigem Magen.»

Die Methode zeigt Ihnen, wes Geistes Kind der andere ist. Das Märchen, an das *er* sich erinnert, sagt über ihn alles. Wenn Ihnen der Antwortende sympathisch ist, können Sie mühelos Fragen über sein eigenes Leben anschließen. Wenn nicht, sagen Sie «Danke, Sie haben mir sehr geholfen!» und lesen weiter.

Ich habe, um das noch zu sagen, über «Hans im Glück» meine eigene Theorie. Er ist Erzähler. Besitz ist ihm nur Grund und Gelegenheit, um zu erzählen oder zuzuhören. Als alles erzählt ist, geht er nach Hause zu seiner Mutter. Ihr Name ist Charlotte.

Karl Dedecius

Der Stalingradsoldat
Ich kann das Buch, das Ihnen vorschwebt, nicht schreiben

Zeit: Fünfzig Jahre danach. Ort: Buchmesse. Gesprächsteilnehmer: V1 (Verführer, Verwerter, Verewiger), V2 (Verwundeter, Verschlossener, Versöhnter).

V1: Ich komme auf unser altes Gespräch zurück. Sie müssen den Stalingrad-Roman schreiben. Gerade jetzt. Es gibt kaum noch Zeugen, und noch weniger solche, die schreiben...

V2: Ich kann nicht... Ich sagte es schon vor Jahren.

V1: Das ist Feigheit vor dem Freund. Es ist geradezu Ihre historische Pflicht...

V2: Die historische Pflicht haben andere, kompetentere längst erfüllt: Die Generäle, die Geschichtsschreiber, auch die Geschichtenerzähler...

V1: Ich denke an etwas anderes. Ich denke an den großen Wurf. Dichtung und Wahrheit, Drama mit Katharsis und Vermächtnis... Heute haben wir den richtigen Abstand dazu.

V2: Ich nicht. Ich stecke noch mitten drin...

V1: Um so besser. Dann wird das Ganze... authentischer. Das Erlebte macht das Beschriebene erst wirklich lebendig.

V2: Aber mich macht es zum zweiten Mal tot. Wissen Sie, wie das ist, sich wissentlich und wollentlich hinzusetzen, um am Schreibtisch noch einmal zu sterben?

V1: Ich verstehe Sie nicht. Damit würden Sie doch die Wunde endlich los. Schreiben ist Überwinden, sich erinnern bedeutet Vergangenes bewältigen.

V2: Bewältigen? Überwinden? *Ad acta* legen? Ich weiß nicht so recht. Bei mir funktioniert das nicht. Außerdem – auch wenn Sie es nicht glauben sollten – ich kann mich nicht erinnern, auch wenn ich mich noch so sehr anstrenge. Etwas hat meine Erinnerung kaputtgemacht. Ich brächte die Einzelheiten nicht mehr zusammen. Es sind zusammenhanglose Scherben, nichts Ganzes, nur einzelne Glieder, Gedächtnisruinen, tote Natur, Unnatur ... Ich brächte nichts mehr zusammen.

V1: Das verstehe ich nicht. Sie haben doch Phantasie, um Bruchstücke zu ergänzen.

V2: Das wäre kalte Berechnung, Rekonstruktion. Den Krieg rekonstruieren? Belletristisch – schön konsumierbar, unterhaltsam machen? Ich kann es nicht. – Ich könnte Ihnen vieles über den Frieden sagen, auch schreiben, aber über den Krieg? Etwas in mir sträubt sich dagegen. Abgesehen davon habe ich von dieser Schlacht, von dieser Metzelei als solcher keine umfassende Kenntnis. Ich war kein Stabsoffizier mit Überblick, kein Frontberichterstatter mit Einblick, Kamera, beweglichen Schauplätzen. Ich war gewöhnlicher Schütze, SMG-Schütze, lag immer ganz vorn im Loch, zuerst zu dritt, dann zu zweit, dann allein, ohne Blickkontakt nach rechts oder links, noch weniger nach hinten, nur nach vorn, immer nur nach vorn ... Ich sah alles ganz klein, sehr persönlich, von unten. Wie ein Maulwurf. Und wie dieser blind.

V1: Ich kann mir nicht vorstellen, dass man etwas so ... so ... Spektakuläres ... nein, das ist nicht das richtige Wort, so etwas den Verlauf der Geschichte grundsätzlich Änderndes erlebt und darüber nichts sagen will ...

V2: Nichts sagen kann ... Versetzen Sie sich bitte in meine Lage. Die Lage eines Gedächtnisgeschädigten. Als wir – ein in Frankfurt/Oder rasch zusammengestoppeltes Ersatzbataillon – in Millerowo aus dem Zug geschubst wurden, torkelten wir bereits auf wackligen Füßen. Es gab unterwegs zu viel Butter und zu viele grüne Gurken und unreife Tomaten. Die meisten von uns hatten, bevor sie «eingesetzt» wurden, bereits Durchfall, Fieber oder sonstige körperliche und Wahrnehmungsschwächen. Das erste Fronterlebnis eines lebensunerfahrenen Oberschülers war die LKW-Fahrt von Millerowo an den Don über die Rollbahn. Hitze, Mücken, Staub, man nahm – wie gelähmt – mit Sand im Munde und in den Augen kaum noch die Leichen wahr, die auf der Rollbahn, plattgefahren, wie staubgraue Abziehbilder überall herumlagen und über die wir, wie Hunderte von Panzern und LKW vor uns, hinwegrollten. Diese erste Berührung mit dem Tod vollzog sich bereits fast reglos, mechanisch, stumpfsinnig, wortlos, bald auch blicklos. Die erste Leiche wird noch wahrgenommen, die hundertste nicht mehr.

V1: Das ist es, eben das muss dokumentiert werden.

V2: Wozu? Und wie? Geistreich? Spannend? Gruselnd? Mitleid erregend? Im Jägerlatein oder als Jeremiade? Die sachliche Dokumentation hat meines Wissens beiderseits bereits stattgefunden. Was, wann, wo, warum, wieviel… Das festzuhalten ist wichtig, es auch zum Lehrstoff der Militärakademien und der allgemeinbildenden Schulen zu machen ist wichtig. Damit die Historie endlich einmal zur Lehrmeisterin des Lebens werde, wie es so schön auf Lateinisch heißt? (Sie ist es nicht geworden, sie wird es wohl auch nicht. Am allerwenigsten als Krieg, als Völkermord in schöngeistige Bilder gesetzt.)

V1: Ich denke freilich nicht an kriegsneurotische…

V2: Glauben Sie, es gäbe einen «echten» Stalingrader – einen, der die Bataille vom ersten bis zum letzten Tag, sogar darüber hinaus, erlebt hat, und zwar ohne Bunker und Ordonnanz und Kraftfahrer und Fernrohr, sondern vom Beginn der Donoffensive bis zur Kapitulation am 2. Februar 1943, bei 40 Grad Hitze im freien Feld und bei 40 Grad Frost auf der vereisten Erde, in die man sich nicht mehr einbuddeln konnte, weil jeder Spaten, so man einen noch hatte, brach – glauben Sie, es gäbe einen solchen «echten» Stalingrader ohne Neurose? Die letzten acht Wochen in der Steppe der Nordriegelstellung: vergessen, liegengelassen, ohne Wasser (Schnee gab's ja genug), ohne Wäschewechsel, so dass einen die Läuse buchstäblich auffraßen. Aus der Gelbsucht wurde schließlich Malaria, aus der Malaria Fleckfieber und Wassersucht, aus den 80 Kilo Lebendgewicht irgendein erbärmlicher Rest von 37 Kilo halbtoter Materie ohne Stoffwechsel, das Fieber blieb konstant, 41 Grad, was gut war, es schüttelte einen, aber man spürte nichts, man torkelte, blieb zwischen zwei zerschossenen Wänden liegen, bis man, schon nach der Kapitulation, aufgefunden, aufgelesen wurde... was soll man da beschreiben? Ich habe nichts erlebt, nicht einmal mich selbst, da wesentliche Teile meiner Befindlichkeit bereits tot waren. Und dann das Schlimmste: Alle waren gefallen, links, rechts, vorn und hinten, man blieb, wie zum Hohn, allein – der Unsoldatischste des ganzen stolzen Traditionsregiments des Alten Fritzen blieb allein am Leben. Was soll man da in Unkenntnis der Zusammenhänge beschreiben?

V1: Das ist doch ungeheuer viel...

V2: Vielleicht für den Konsumenten. Für den Produzenten nicht. Dem blieb seine Neurose, der seelische Schüttelfrost, der zerrissene Sommermantel im Winter, die unheimlichen Läuse, die man sich handvollweise unterm Hemd hervorholte, so man noch Kraft hatte, was sowieso nichts half, denn ihre Ersatzbataillone waren schneller zur Stelle als unsere. Den letzten weißen Schnee hatte man längst gegessen, der übriggebliebene Rest war blutig und kotig, es gab auch kein gefrorenes Grashälmchen mehr darunter, die Benommenheit hatte alle Konturen verwischt,

Gesichter zu Masken schrumpfen lassen... Und das Gedächtnis war weg, einfach weg. Ich glaube, das war der Rest des gesund gebliebenen Instinkts, die letzte graue Zelle der Vernunft, die krank und gepeinigt und raffiniert genug sich diesen Selbstschutz ersonnen hatte: alles vergessen, nichts mehr erinnern – und so kam es auch. Vielleicht hatte es der Hirnschaden nach dem Fleckfieber fertiggebracht – das Gedächtnis war weg. Ein großer Nebel breitete sich über alles, was innen in einem noch vorging, und half überleben. Die 6. Armee war weg, die 3. Division war weg, das 8. Regiment war weg, die 4. Kompanie war weg, die Kameraden waren weg, sogar die Toten waren weg, deren Skelette ich später als Gefangener in das Riesenloch bei Stalingrad, selbst halb tot, karren musste, die Namen waren weg – und Sie möchten, dass ich das, was bei mir und für mich weg ist, beschreibe. Ich könnte ja nur das bereits Beschriebene beschreiben – mir stünden keine eigenen Daten, keine Orte zur Verfügung. Selbst an das schrecklichste Bild, das letzte Flugzeug – war es Gumrak? war es Pitomnik? – um den 15. Januar herum, an dessen Rumpf und Tragflächen verzweifelte Halbtote hingen – und nicht mitgenommen wurden. Rings um das Flugzeug lagen Hunderte von Krüppeln – die nicht ausgeflogen wurden, weil die Maschine nur noch kampffähige «Spezialisten» mitzunehmen den Befehl hatte. Und dann die langen Gespensterzüge im Schnee, schwarz auf weiß. Nein, diesen Wirrwar in meinem Kopf könnte ich nicht beschreiben. – Vielleicht ist diese partielle Gedächtnislosigkeit auch Grund dafür, dass ich nicht schreibe, von mir schreibe, sondern andere übersetze?

V1: Ich finde es schade, diesen Erlebnisvorrat einfach brach liegenzulassen. Unausgewertet...

V2: Meinen Sie, man könnte eine Seele gegen ihren Willen verwerten?

V1: Aber Sie haben doch sicher auch Ihrer Familie, Ihrer Frau und Kindern etwas von Stalingrad erzählt?

V2: Auch ihnen nicht, denn wozu? Damit sie mich bedauern? oder bewundern? oder...? Und übrigens – was bedeutet schon mein Einzelschicksal verglichen mit dem Elend von Millionen... Für ein solches Buch, das Ihnen vorschwebt, wäre ich der falsche Autor. Ich kann es nicht schreiben. Ich werde von einem inneren Zwang bestimmt, mich nach vorn, an die Zukunft zu erinnern. An das Wiederbeleben, an eine Welt mit Städten, deren keine einen Namen und ein Schicksal hat wie Stalingrad. Stalingrad ist für mich der Inbegriff von Wahn und Tod. Ich liebe das Leben und suche die Vernunft. Den Frieden.

Sybil Gräfin Schönfeldt

Die Großmutter
Vieles löst sich von allein

Großmutter zu werden ist für die meisten Frauen eine große Freude. Da spielt vieles mit, nicht zuletzt das Gefühl des Neubeginns von schon einmal Erlebten, das man nun, reich an Erfahrung und mit größeren Einsichten, viel besser genießen und verstehen kann.

Viele Großmütter lieben – zu ihrem eigenen Erstaunen – die Enkelkinder, wie sie die eigenen Kinder nicht geliebt haben. «Sicher,» sagen sie, «ich habe meine Kinder auch lieb gehabt. Aber die Liebe zu den Enkelkindern – das ist etwas ganz besonderes...»

Rund ein Drittel aller Mütter mit Kindern unter achtzehn Jahren ist berufstätig. Das wäre oft ohne die Hilfe der eigenen Familie kaum zu bewältigen, und es ist die Großmutter, die hier die wichtigste Rolle spielt. Insgesamt werden fast doppelt so viele Kinder berufstätiger Mütter von Großmüttern und Tanten versorgt wie in Heimen oder Tagesstätten.

Großmutter – Vorstellung Nummer eins ist gefühlsbeladen und seit Generationen vertraut. Da sieht man eine gütige Frau, die mit dem Leben abgeschlossen hat, ohne eigene Wünsche ist, immer Zeit für andere hat, den Enkeln Märchen vorliest und Puppenkleider näht, die in jedem Advent wie seit dreißig oder fünfzig Jahren Springerle und Spekulatius backt und niemals die Geduld und die liebevolle Opferbereitschaft verliert. Das ist das Bild, von dem die meisten Eltern träumen.

Vorstellung Nummer zwei ist neu und auch gefühlsbeladen. Es ist die Großmutter, die zusammenzuckt, wenn jemand Oma zu ihr sagt; die seit Jahren im Beruf steht und erfahren hat, dass jung bleiben muss, wer vorwärts kommen will, die sich die Haare färbt und auf die Ratschläge von Gerontologen und Psychologen hört, sie dürfe sich nie der Isolierung und Langeweile in die Arme werfen, sie müsse Interessen haben, Anschluss an andere finden, ein Hobby entwickeln, reisen, Gespräche und Gesellschaft pflegen, denn nur dann entgehe sie dem Älterwerden. Sie hält sich den Winter über in Mallorca auf, besucht Clubs, Konzerte und den Coiffeur und hat keine Zeit zum Enkelhüten, weil sie, wie ihre Kinder verbittert sagen, «nur an sich denkt». Das ist das Bild, das die Eltern fürchten und bekritteln.

Nun ist es freilich so: die Emanzipation hat auch vor der Großmutter nicht halt gemacht. Wenn die Tochter Beruf und Ehrgeiz nur auf Kosten der eigenen Mutter realisieren kann, so darf sie sich nicht wundern, wenn diese Mutter sagt: «Nein danke! Ich habe lange genug tagsüber gewaschen und gekocht und nachtsüber gesunde Kinder gehütet und kranke Kinder gepflegt. Ich will endlich auch meine Freiheit genießen.»

Diese Großmütter wollen genau das gleiche wie die Töchter, nur: erst nachdem sie das erfüllt und hinter sich gebracht haben, was zu ihrer Zeit «die Pflicht einer Mutter» genannt wurde. Deshalb haben sie zu Recht das Gefühl, sich Ruhe und Freiheit am Ende des Lebens verdient zu haben. Wer will Großmüttern diesen «Egoismus» übel nehmen? Die Realität bietet ja auch das Bild jener Großmutter, die von den Kindern egoistisch und rücksichtslos ausgenutzt, von ihnen zur Haussklavin degradiert wird. Sie lässt sich von den Kindern die Rente aus der Tasche ziehen, schuftet sich ohne Urlaub und ohne Pause durch die Tage, hört nie ein «bitte!» oder «danke!» – das klassische Bild der «Oma fürs Grobe», die keine Zeit für sich selbst hat und sich schon gar nicht um das kümmern kann, was augenblicklich in der Pädagogik modern ist. So muss sie sich oft von den eigenen Kindern vorwerfen lassen, dass sie als Erzieherin der Enkel versagt.

Die wirkliche, lebendige und wahre Großmutter ist anders. Sie ist manchmal, im Rhythmus von Zeit und Lebenskraft, eins nach dem anderen. «Wozu lebe ich denn?» fragte eine, deren Geschwister ihr vorwarfen, sie lasse sich ausnutzen. Sie stammte aus einem der großen Häuser, in denen früher ganz selbstverständlich die Generationen zusammen wohnten, solange sie lebten. «Das gibt es nicht mehr», sagte sie, «aber wenn ich schon das Glück habe, Enkelkinder gesund und in Frieden aufwachsen zu sehen, warum soll ich absichtlich auf sie verzichten? Warum soll ich nicht die Großmutter sein, an die sie sich später erinnern können, wenn sie sich fragen *Wie soll ich leben?*»

Wie Großmütter auch sind, nachgiebig und immer mit Schokolade in der Handtasche, lustig wie ein Clown und vollkommen anders als alle Frauen ringsum, streng und voller Gedichte, die sie auswendig können, dick und Herrin über Hunde und Katzen, dünn und eine himmlische Köchin, jung und Bergsteigerin, alt und fast taub: Enkelkinder freuen sich offenbar immer, wenn eine Großmutter ins Haus kommt oder die Erziehung übernimmt. Eine Studie über modernes Familienleben hat ergeben, dass Großmütter noch nie so beliebt gewesen sind wie heute. Kinder wollten lieber als mit Fußballhelden und Schlagerstars mit ihrer eigenen Großmutter einen Monat lang zusammenleben. Und die Leiterin eines Kindertagesheimes sagte: «Die schlechteste Großmutter ist immer noch besser als ein Heim.» Warum?

Alltage und Sonntage mit den Großeltern – das bedeutet zumeist: ein Leben bei zwei alten oder fast alten Menschen, bei denen die Aufregungen und Auseinandersetzungen der ersten Ehejahre vorbei und vergessen sind. Kein Kampf der Geschlechter mehr, Abgeklärtheit statt Anpassungs-Spannungen, Zuneigung statt Sex. Dafür Gefühle, die wärmer, differenzierter, beständiger sind als bei jungen Eltern. Großeltern wandeln sich nicht mehr, sie sind, was sie sind, und es fällt dem Kind leicht, ihre ruhigen Gestalten in seine Welt einzubauen, weil es weiß, dass es sich auf sie verlassen kann.

Eben aus diesem größeren Lebensreichtum, dieser Identität mit sich selbst lässt sich wohl alles ableiten, was die Großmutter so liebenswert macht: die Gelassenheit, mit der sie manche Krise einfach abwartet, weil sie das Leben immer wieder gelehrt hat, dass sich vieles von alleine klärt und löst. Die Ruhe, mit der sie dem Kind und seinen Versuchen zuschaut und dieses Zuschauen voll genießt, weil sie jetzt weiß, dass all die scheinbar sinnlosen und komischen Handlungen des Kindes noch eine tiefere Bedeutung auf seinem Wege zu sich selbst besitzen. Die Geduld, mit der sie dem Kind lernen hilft, weil sie sich daran erinnert, wie neu einem Kind alles ist und wie schwer ihm alles fällt – der erste Schritt und die ersten Buchstaben. Die Heiterkeit, in die sich auch Dank mischt, dass sie alles noch einmal miterleben kann. Der Abstand, den sie zu allem hat und der sie nicht vorschnell reagieren und urteilen lässt, weil sie weiß, wie vieles immer unerklärbar bleibt, wie vieles sich im Leben wiederholt, wie fraglich es ist, ob wir mit all unserer Leidenschaft etwas bewirken oder verändern können – auch bei dem Kind oder den Kindern, die uns anvertraut sind.

Hartmut von Hentig

Johann Peter Hebel
«Denn ohne Krieg wird in der ganzen Welt kein Frieden geschlossen»

Im Jahre 1948 fuhr ich auf der leeren «Afoundria», die Versorgungsgüter für die amerikanische Armee nach Deutschland gebracht hatte, in die USA – als Gast eines kleinen in Pennsylvania gelegenen Colleges. Es war eine Gründung der Church of the Brethren, einer pazifistischen Sekte, die im 18. Jahrhundert aus Deutschland ausgewandert war wie vorher die Quäker aus England. Nach dem Zweiten Weltkrieg, in dem sie den Kriegsdienst verweigert hatten, begannen die Brethren, allen voran die jungen Männer, die für ihre Überzeugung ins Gefängnis gegangen waren, zu tun, was ihnen ihr Glaube auftrug: das Werk der Versöhnung mit dem «Feind». Unter anderem sammelten sie Geld und luden junge Deutsche ein, bei ihnen zu studieren. Ich war einer der Auserwählten, der mit ihnen leben und lernen sollte: ein Demokrat zu werden und mich vom Militarismus zu befreien.

Den Ernst und die Radikalität ihres Christentums habe ich bewundert; an ihrem Nachdenken über die politischen und moralischen Probleme der Welt habe ich mich leidenschaftlich beteiligt; meine Folgerungen blieben gemessen an den ihren unbestimmt. Zu skeptisch war ich gegenüber hohen Erwartungen an die Sittlichkeit des Menschen geworden und zu gewiss, dass man einem Gewalttäter wie Hitler nur mit Gewalt gewachsen war. Meine amerikanischen Freunde wiederum machte dies skeptisch gegen den Deutschen, der sich noch immer einen «Preußen» nannte; der in seiner umgefärbten Leutnantsuniform angereist war (weil er nichts anderes hatte); der sich erregte, wenn sie Napoleon mit Hitler in die gleiche Reihe stellten; der den Alliierten dankte, dass sie Europa befreit hatten. Ach, Europa!, hörte ich sie seufzen: Krieg, immerzu Krieg, Kriegshelden und Kriegsführer, Kaiser und Könige – und der kleine Mann folgt ihnen blind, begeistert! Nein, widersprach ich: Europa weiß vieles, was Amerika nicht weiß – noch nicht.

Ich versprach ihnen einen Zeugen zu stellen – einen Deutschen in kriegerischer Zeit und Sohn eines Tagelöhners. Von Gönnern unterstützt hatte er eine Universität besuchen können, war Lehrer, Schulleiter, kirchlicher Würdenträger geworden. Nebenbei hatte er die Redaktion eines der Periodika übernommen, die der Landbevölkerung Vorstellungen von der Welt und Aufklärung über sich selbst gaben, den «Rheinischen Hausfreund», für den er vier Jahre lang «Lesestücke» lieferte: Geschichten, Rätsel, Rechenexempel, Lebensläufe, Berichte über Kuriosa – warme Winter, Seewunder, Kometen, Traumbilder. Dieser Johann Peter Hebel war einer meiner Begleiter von Kindestagen an, erzählte ich meinen neuen Freunden; er lehrte mich, was er seine Zeitgenossen am Anfang des 19. Jahrhunderts lehrte: die Lust des Verstehens, die Kurzweil und Intelligenz der Moral, das Handwerk der Menschlichkeit.

An einem Wochenende übersetzte ich einen seiner Artikel aus dem Jahre 1808, eine Darstellung des Europa damals gerade heimsuchenden Krieges. Meine Kommilitonen staunten nicht schlecht, als sie hörten:

Weil ich hoffe, dem Leser des Rheinländischen Hausfreundes das nächstemal viel Erfreuliches vom Frieden zu sagen, so müssen wir diesmal auch etwas vom leidigen Krieg erwähnen. Denn ohne Krieg wird in der ganzen Welt kein Frieden geschlossen, und ein wohlgezogener Kalender soll sein ein Spiegel der Welt.

Aber wir wollen's kurz machen und hoffen, die kriegführenden Mächte machen es auch so. In der ganzen Welt ist jetzt, soviel wir wissen, nur ein einziger Krieg. Aber was für einer? Einer, woraus man zwölf machen könnte.

Auf der einen Seite stehen die Preußen, die Russen und, soviel man jetzt noch weiß, die Schweden. England ist auch auf dieser Seite und hilft mit Geld aus.

Auf der andern Seite stehen die Franzosen, die Deutschen vom Rheinischen Bund, Italien, Holland, Spanien, der Türk. [...] Kurz, ganz Europa ist im Krieg begriffen. Nur Östreich nicht, die Schweiz nicht, Dänemark und Portugal nicht, der Papst nicht. Die andern alle.

Dagegen halten mit die Perser in Asien, weit hinter Jerusalem, ferner ein paar afrikanische Mächte und der Kaiser von Marokko und Fez, herwärts dem Mohrenland. Diese halten es mit den Franzosen und mit dem Rheinischen Bund usw.

Den Anfang dazu machte Preußen. Schon seit geraumer Zeit machten zwar beide Teile, Franzosen und Preußen, solche Bewegungen, die nicht auf Frieden deuteten. Aber am 1. Oktober 1806 erging von Preußen an den Kaiser Napoleon ein Schreiben, welches unter andern die Forderung enthielt, derselbe solle sogleich alle seine Truppen aus Deutschland heraus und über den Rhein nach Frankreich führen. Das verstand der französische Kaiser unrecht. In der nämlichen Zeit, in welcher seine Truppen nach der preußischen Meinung sollten daheim sein, standen sie, und noch viele dazu, an der preußischen Grenze, eine Heeresmacht der andern gegenüber. Am 14. Oktober war die Schlacht bei Jena. Durch diese Schlacht und ihre Folgen ging die preußische Armee bis auf einen kleinen Überrest zugrunde. Was nicht im Treffen selbst getötet, verwundet oder gefangen wurde oder unsoldatisch auseinanderging, ward versprengt [...] Die starke Festung Magdeburg und andere feste Plätze fielen dem Sieger in die Hände. Ein großer Teil der preußischen Monarchie stand ihm offen und wurde von ihm besetzt. Am 24. Oktober zog Napoleon in die preußische Haupt- und Residenzstadt Berlin ein. Zum Andenken seines Sieges nahm er dort den Degen, mit welchem der König Friedrich einst kommandiert und seinen Ruhm erfochten hatte, in Empfang und schickte ihn nach Paris. Der alte, von allen europäischen Mächten anerkannte Ruhm der preußischen Waffen ist für jetzt dahin. [...] Man wusste es anfänglich gar nicht zu begreifen, wie eine so zahlreiche, ehemals so tapfere und seit langen Zeiten berühmte Kriegsmacht an den Grenzen ihres eigenen Landes, unter den Augen ihres edlen Königs, von einem fremden, weit hergekommenen Heer schon am fünften Tag nach dem Ausbruch des Krieges so geschlagen werden, auseinanderlaufen und sich verlieren konnte. Allein die jetzigen Preußen waren nicht mehr die alten. [...] Es fehlte an zweckmäßigen Anstalten zum Krieg und Vorbereitungen zur Schlacht. Die Soldaten hatten schon drei Tage lang kein Brot, und der Hunger ist zwar nach dem alten Sprichwort ein guter Koch, aber ein gar schlechter Zeltkamerad, Mitstreiter und Bundesgenosse. Doch es musste alles zum Unglück helfen. Kaiser Napoleon bot dem König noch den Tag vor der Schlacht in einem eigenhändigen Brief den Frieden an. Der Brief wurde dem König erst nach der Schlacht übergeben, als es zu spät war.

Der ganze Krieg schien fünf Tage nach dem Ausbruch geendigt zu sein, und es ist jammerschade, dass es nicht dabei blieb. Erstlich, weil viel gutes, liebes Menschenblut und Leben wäre geschont worden. Zweitens, weil man wohl einen Siebenjährigen Krieg hat und einen Dreißigjährigen, aber noch keinen fünftägigen.

Allein eine russische Armee war den Preußen zu Hilfe auf dem Anmarsch. Der unglückliche König zog sich mit dem Rest seiner Truppen zu ihnen zurück. Aber Kaiser Napoleon bleibt nicht auf dem halben Wege stehen. Er zieht dem neuen Feind entgegen [...]

So stand die Sache und so lauteten die Nachrichten bis zum 5. Juni 1807, als der Hofbuchdrucker Sprinzing sagte, jetzt sei es Zeit, den Kalender zu drucken.

Mögen alle in diesen Krieg verwickelten Mächte dem schwedischen Beispiel folgen und dann bald zu einem langen, gedeihlichen Frieden sich die Hände bieten!

Einen Monat später schrieb der «Hausfreund»:

Jetzt wird jedermann gestehen müssen, dass der Rheinländische Hausfreund mehr kann, als nur Brot essen, und dass er nicht nur weiß, was geschehen ist, sondern auch, was geschehen will. Denn was er am 5. Juni 1807 vom preußischen Krieg geschrieben hat, ist jetzt alles schon wieder vorüber und noch viel dazu; und wie er gehofft hat, die großen Herren werden es kurz machen, also ist's geschehen. Noch eine fürchterliche Schlacht geschah zwischen den Franzosen und Russen am 14. Juni bei Friedland. Nicht weniger als 60 000 Mann von der russischen Armee gingen nach den französischen Berichten innerhalb zehn Tagen verloren. Diese Schlacht war ohne Zweifel die fürchterlichste im ganzen Krieg, aber auch die wohltätigste. Denn bald nach ihr wurden durch einen Waffenstillstand alle Feindseligkeiten eingestellt. [...] Die drei kriegführenden Monarchen zogen jetzt aus dem Feld friedlich zusammen in die Stadt Tilsit und lebten miteinander als die besten Freunde, speisten beieinander zu Mittag und ritten beieinander spazieren. [...] Am 7. und 9. Julius [wurde] zwischen Frankreich, Russland und Preußen der Friede geschlossen, dem Gott eine lange Dauer verleihen wolle.

Das freut den Rheinländischen Hausfreund, und wenn

nicht im ganzen Schaltjahr 1808 der Himmel voll Bass-
geigen hängt und nicht ein anderer Krieg ausbricht, in
welchem an allen Enden und Orten, besonders aber am
Rheinstrom, mit lauter Äpfelküchlein geschossen wird
und viele hunderttausend Bratwürste wie Kraut und Rüben
zusammengehauen und alle Tage Kriegsgefangene, nämlich Kronentaler und Dublonen in Kisten und Kästen eingebracht werden, so kann der Rheinländische Hausfreund
nichts dafür.

Wie gesagt: Die Geschichte schlug ein – der Erzähler gefiel
meinen Freunden. Aber die Kaiser und Könige nicht! Zwei
von diesen konnte ich ihnen gleich näherbringen, indem
ich eine andere Geschichte von Hebel erzählte – gewiss
nicht so gut wie dieser selber. Und so möge er hier noch
einmal das Geschäft übernehmen:

Oft sieht die Wahrheit wie eine Lüge aus. Das erfuhr ein
Fremder, der vor einigen Jahren mit einem Schiff aus
Westindien an den Küsten der Ostsee ankam. Damals war
der russische Kaiser bei dem König von Preußen auf Besuch. Beide Potentaten standen in gewöhnlicher Kleidung,
ohne Begleitung, Hand in Hand, als zwei rechte gute
Freunde beieinander am Ufer. So etwas sieht man nicht alle
Tage. Der Fremde dachte auch nicht daran, sondern ging
ganz treuherzig auf sie zu, meinte, es seien zwei Kaufleute
oder andere Herren aus der Gegend, und fing ein Gespräch
mit ihnen an [...] Endlich, da die beiden Monarchen sich
leutselig mit ihm unterhielten, fand er Veranlassung, den
einen auf eine höfliche Art zu fragen, wer er sei. «Ich bin
der König von Preußen», sagte der eine. Das kam nun dem
fremden Ankömmling schon ein wenig sonderbar vor.
Doch dachte er: es ist möglich, und machte vor dem Könige
ein ehrerbietiges Kompliment. Und das war vernünftig.

[...] Als aber der König weiter sagte und auf seinen Begleiter deutete «Dies ist Se. Majestät der russische Kaiser»,
da war's doch dem ehrlichen Mann, als wenn zwei lose
Vögel ihn zum besten haben wollten, und sagte: «Wenn
Ihr Herren mit einem ehrlichen Mann euern Spaß haben
wollt, so sucht einen andern, als ich bin. Bin ich deswegen aus Westindien hierher gekommen, dass ich Euer Narr
sei?» – Der Kaiser wollte ihn zwar versichern, dass er
allerdings derjenige sei. Allein der Fremde gab kein Gehör
mehr. «Ein russischer Spaßvogel möget Ihr sein,» sagte
er. Als er aber nachher im «Grünen Baum» die Sache erzählte und andern Bericht bekam, da kam er ganz demütig
wieder, bat fußfällig um Vergebung, und die großmütigen
Potentaten verziehen ihm, wie natürlich, und hatten her-
nach viel Spaß an dem Vorfall. (1809)

Geschichten, die meine amerikanischen Freunde mit Napoleon und Suwarow versöhnen sollten, habe ich mir für
später aufgehoben: Man darf auch von Pazifisten nicht
zuviel Nachsicht auf einmal verlangen.

Sten Nadolny

Johannes Gutenberg
Am Anfang war die Presse

«Es ist eine Frage des Geldes, mein lieber Dritzehen.»

«Nur? Das heißt, Sie können das wirklich alles machen, wenn das Geld...?»

«Ja, ich kann.»

«Und wieviel Geld?»

«Man muss eine Presse bauen, die ganz genau arbeitet, und zwar mehrere zehntausend Mal, ohne an Zuverlässigkeit zu verlieren. Man braucht das beste Material, die besten Spiegel, viele Monate Zeit und eine Handvoll Leute, um alles einzurichten, außerdem ein System von vertraglich verpflichteten Agenten, die die Ware nicht nur verkaufen, sondern auch die Einnahmen zum vereinbarten Teil an uns abführen. Man wird Advokaten brauchen, die bereitstehen, wenn einer der Verkäufer nicht abrechnet, und ich fürchte, es wird nicht bei einem bleiben...!»

«Wieviel also, schonen Sie mich nicht, sagen Sie es rundheraus, lieber Gensfleisch!»

«Wenigstens zweihundert Gulden.»

«Großer Gott!»

«Wir teilen das auf. Ich gebe etwas dazu, außerdem weiß ich genau, wie vorzugehen ist. Sie geben, sagen wir, achtzig Gulden und arbeiten auch in der Werkstatt, außerdem ist Riffe interessiert, achtzig wird auch er bringen können.»

«Und wenn alles fehlschlägt, wenn einer von uns stirbt?»

«So schnell wird nicht gestorben. Fehlschlagen kann es nicht. Sie kennen mich und wissen, dass Sie mir vertrauen können – tun Sie das, woran Sie bereits glauben! Wenn Sie es nicht tun, werden Sie es bis an Ihr selig Ende bereuen.»

«Wieviel Gewinn ist zu erwarten?»

«Das Dreifache des Einsatzes ist sicher, der Rest liegt bei Gott.»

So oder ähnlich könnte das Gespräch in Straßburg gegangen sein. Der junge Andres Dritzehen, ein wohlhabender Bürger dieser Stadt, zögerte nicht, denn er glaubte jetzt fest. Glaubte vor allem, dass er nicht zögern dürfe, und gab das Geld. Man schrieb 1437 oder 1438.

Der Gesprächspartner war Henche (Johannes) Gensfleisch, auch Gutenberg genannt, ein Mainzer Patrizier von vornehmer Abkunft, der aus Protest gegen die dortige, allzusehr von den Handwerkszünften bestimmte Stadtregierung nach Straßburg in eine Art Exil gegangen war. Er hatte sich mit vielerlei beschäftigt, etwa dem Edelsteinschleifen, und das hatte er dann gegen Geld dem jungen Dritzehen beigebracht.

Gensfleisch-Gutenberg muss eine beeindruckende, vielleicht sogar furchteinflößende Persönlichkeit gewesen sein, welcher nicht nur der junge Andres erlag. Man kann mit Fug vermuten, dass er lebendig, leidenschaftlich und oft auch völlig unleidlich war, dass er eine große Sicherheit und Entschiedenheit ausstrahlte, dass er mit Worten umzugehen verstand beim Gewinnen von Geldgebern und Partnern, aber auch bei der Schmähung von Gegnern – und dies waren hin und wieder die ehemaligen Partner.

Das Gespräch zu Straßburg 1437 betraf ein lukratives Projekt, eine große Investition. Zweihundert Gulden, das war der Wert mehrerer guter Häuser. Worum ging es? Frommen Menschen oder solchen, die fromm erscheinen wollten, ließ sich immer etwas verkaufen. Besonders bei Pilgerfahrten saß ihnen das Geld locker. Gefragt waren zum Beispiel handgroße «Pilgerzeichen», die am Hut getragen wurden und beweisen sollten, dass man eine heilige Stätte oder wundertätige Reliquie aufgesucht hatte. In Aachen war der Andrang zur alle sieben Jahre stattfindenden Präsentation des Lendentuchs Christi so groß, dass nur noch eine «Fernzeigung» möglich war – die Masse der Pilger stand weit enfernt von den heiligen Gegenständen. Konnten diese dann noch ihre erleuchtende und heilende Wirkung tun? Schnell erfanden die, die dran verdienen wollten, ein Hilfsmittel: ein Spiegel, der an der Kopfbedeckung des Pilgers angebracht war, fing angeblich auch von einer schwachen heiligen Strahlung so viel auf, dass die Dosis für den Pilger ausreichte. Naheliegend war also, Pilgerzeichen und Spiegel zu kombinieren. Geschäftlich interessant war das Ganze allerdings nur, wenn man nicht jedes einzelne Stück von Hand mühsam basteln musste, sondern Werkzeuge zur Vervielfältigung besaß, vor allem die «Presse», die mit ihrem Druck das eigentliche Pilgerzeichen – meist ein Heiligenbild aus Blei und Zinn – mit anderen Materialien und Farben und wohl auch gleich mit dem «Spiegel» verband.

Es scheint, dass Andres Dritzehen nicht nur seine Arbeitszeit, sondern auch noch viel mehr Geld in das Gutenbergsche Unternehmen gesteckt hat und dann zu allem Überfluss dem Schuldner den Gefallen tat, jung zu sterben. Obwohl das Pilgerspiegelgeschäft zur Zufriedenheit lief, zahlte Gutenberg an Dritzehens Erben keinen Heller. Ein von diesen angestrengter Prozess ging schließlich so deutlich zu Gutenbergs Gunsten aus, dass noch heute gemutmaßt wird, es sei direkt oder indirekt Bestechung im Spiel gewesen.

Als der noch reicher gewordene Tüftler und Organisator Jahre später in seine Vaterstadt Mainz zurückkehrte, war er modern ausgedrückt ein Experte im Beobachten und Bedienen des Frömmigkeitsmarktes. Johannes Gutenberg wird zu Recht als der Erfinder des Drucks von Schriften in großer Auflage mittels beweglicher, gegossener Lettern verehrt. Seine zweiundvierzigzeilige Bibel gilt als kunstvollstes Buch der Welt und geniale Leistung. Sorgfältig waren die Buchstaben aus der zur damaligen Zeit schönsten Handschrift einzeln in Blei gegossen worden und bildeten, zu Wörtern und Zeilen zusammengesetzt, den Kern des Druckinstruments – fehlten nur noch Druckerschwärze und Farben sowie – da ist sie wieder! – die Presse.

Erfindungen werden aus den seltsamsten Gründen gemacht. Es ist fast nie so, dass ein Erfinder etwas Neues nur deshalb schafft, weil er vom Gedanken des Fortschritts und der besseren Versorgung oder gar Befreiung und Bildung der Menschheit beseelt ist. Bei Gutenberg, der Pilgerzeichen prägte und viel Sinn für Geld zeigte, ist es wahrscheinlich, dass vor allem der Wunsch nach Vervielfältigung seiner Einkünfte ihn Vervielfältigungsmaschinen basteln ließ. Eine Säule seines Druckgeschäfts, vielleicht eine, die eher Früchte trug als der Bibeldruck, war die massenhafte Herstellung von «Ablassbriefen», mit denen die Kirche skrupellos Geld zu machen verstand: gegen Zahlung guten Geldes bekam der Gläubige ein bedrucktes Papier, auf dem ihm zugesichert wurde, dass er seiner Sünden ledig sei. Je mehr die Kirche davon verkaufen konnte, desto mehr Geld kam in ihre Kasse. Ihre Aufträge dürften den Mainzer Druckereien (die Gutenbergsche war bald nicht mehr die einzige) viel Geld eingebracht haben.

Wenn nicht alles täuscht – die Forscher haben es mit der Person Gutenberg etwas schwer – starb er auch nicht verarmt, von Betrügern um Werk und Geld gebracht, sondern durchaus wohlhabend. Er war kein Schwärmer und Menschheitsbeglücker. Gewiss, die Legende will es anders – sie steht darin durchaus noch im Zusammenhang mit dem Bedürfnis, bestimmte Menschen als Heilige anzusehen. Gott lässt aber die Gnade einer großen Erfindung keineswegs nur dem Tadellosen zukommen, sein Auswahlprinzip ist etwas rätselhaft. Na und? Wird Johannes Gutenberg auch nur ein bisschen kleiner dadurch, dass er aller Wahrscheinlichkeit nach «vom Stamme Nimm» war und unangenehm werden konnte? Da würde denn wohl eine ganze Reihe von Genies zu Zwergen.

Sicher ist: Ohne den Erfinder des Buchdrucks gäbe es eine ganze Welt nicht – unsere.

Herbert Rosendorfer

Wilhelm II.
Und siegte diesmal

Sigurd von Ilsemann war der Treuesten einer. (Ich bitte die
Formulierung zu beachten, die bereits auf das Folgende
abzielt. So geschwollen redete Er arg gern: «der Treuesten
einer».) Herr von Ilsemann war jung und zukunftsfroh
und außerdem Leutnant, kann auch sein Oberleutnant, im
deutschen Heer («... schimmernde Wehr...», wie Er zu
sagen pflegte) und hatte das Pech, am 9. November 1918
zum Dienst beim Obersten Kriegsherrn, also in dessen un-
mittelbarer Suite, kommandiert zu werden. Wie man weiß,
erfolgte genau an dem Tag das, was Er dann gern als
«Dolchstoß in den Rücken» jener schon seit einiger Zeit
nicht mehr so hell schimmernden Wehr bezeichnete, und
der oberste Kriegsherr, anders ausgedrückt: Seine Majestät Kaiser Wilhelm II., auch König von Preußen etcetera,
begaben sich flugs auf neutrales holländisches Gebiet. «Ilsemann», sagte der Kaiser, «gehn Se mal voran, ob die
Grenzer drüben nicht auch schießen.» «Zu Befehl, Majestät», sagte Leutnant von Ilsemann und ging voran. Die
Brücke in die Sicherheit hielt, und so verbrachte der Leutnant von Ilsemann, in unwandelbarer Treue und dazu gekommen wie die Jungfrau zum Kind respective Pontius ins
Credo, den Rest seines Offizierslebens in lähmender Langeweile auf Schloss Doorn, das die holländische Königin
dem heruntergekommenen Vetter als Zuflucht zuzuweisen
nicht gut umhinkonnte. Er bedankte sich dafür, indem Er
im Lauf der Jahre die alten Bäume des Parks höchstselbst-
eigenhändig zu Brennholz zersägte.
    Sigurd von Ilsemann hinterließ Memoiren, die das In-

teressanteste sind, was über Wilhelm Zwo, auch «Willi mit der Kopfprothese» genannt, veröffentlicht worden ist. Da hat sich doch die holländische Regierung erlaubt, schreibt Ilsemann, die Sicherheitsvorkehrungen um Doorn herum zu verstärken, um einem eventuellen Ausbruch des Exkaisers vorzubeugen. Er tobte. Ob denn nicht, schrie Er, das Ehrenwort eines deutschen Offiziers, der Er immerhin noch sei, genüge – das Ehrenwort, Doorn nicht zu verlassen ohne Einwilligung der Gastgeberin... Zwei Stunden später kamen hohenzollerische Konfidenten, die es lange noch gab, und erzählten dem Exkaiser, welche Vorbereitungen für die Rückkehr der Majestät und den Sturz der Republik getroffen würden. Sobald, sagte Er, das erste Flämmchen lodert, bin Ich hier weg, bei Nacht und Nebel wieder in Berlin... Herr von Ilsemann wagte nicht, an das Ehrenwort zu erinnern. Vielleicht war es auch nicht das Große Ehrenwort gewesen, sondern nur das sogenannte Kleine Baltische Ehrenwort, das nicht so eng zu sehen ist.

Als der Abessinien-Krieg ausbrach, ließ sich Wilhelm eine große Landkarte des Kriegsschauplatzes besorgen und begann Tag für Tag wie ein Feldherr Fähnchen zu stecken. Dem Leutnant von Ilsemann entging nicht, dass Wilhelm es mit den Abessiniern hielt. «Regiert doch dort auch 'n Kaiser», sagte Er. Aber eines Tages fand Ilsemann die Fähnchen klammheimlich umgesteckt. Wilhelm hatte mit zunehmenden Erfolgen der Italiener die Front gewechselt. Und siegte diesmal.

Als Wilhelm 1941 starb, krähte keiner der Hähne, auf die Er zeitweilig Hoffnungen gesetzt hatte, nämlich keiner der Nazi-Hähne, nach ihm. Aber immerhin erschien im «Völkischen Beobachter» eine mittelkleine private Todesanzeige.

Kaum jemand allerdings hat registriert, dass mit Wilhelm auch ein deutscher Komponist dahingegangen war.

Ich bin – durch einen glücklichen Fund – Eigentümer einer Prachtausgabe des Liedes «Sang an Ägir», Text und Weise von Sr. Majestät Wilhelm II., Deutschem Kaiser und König von Preußen. Ägir, Gatte der Ran, Vater der Wellentöchter, ist (oder war?) der nordische Meergott, der bekanntlich die so ehrgeizige wie unsinnige Flottenaufrüstung Willis wohlwollend begleitet hatte. «Sang an Ägir» für Singstimme und Klavier. Laut Verlagsankündigung auf der Rückseite auch für Männerchor oder Blasorchester oder Orgel lieferbar. Die sicher reizvollste Version – für Akkordeon Duett – suche ich bis heute vergebens.

Jens Sparschuh

Rübezahl
Ein Steckbrief

Seine Gestalt wird als groß beschrieben, von manchen auch als riesenhaft.

Er hat langes, lockiges Haar und trägt einen schnee-weißen Bart, der vermutlich sogar echt ist. Die Augenfarbe: blau.

Er liebt es, in der Verkleidung eines Jägers aufzutreten (Jagdrock, Hut mit Häherfeder usw.). Aber auch als Mönch in grauer Kutte wurde er schon gesichtet sowie in diversen anderen Verkleidungen und Gestalten.

Besonderes Kennzeichen: ein knorriger Bergstock, den er ständig mit sich führt und der über gewisse Zauberkräfte verfügen soll. Wenn er z.B. mit ihm in der Luft herumfuchtelt, blitzt und donnert es auf Erden.

Von seinen Hobbies wissen wir, dass er mit Vorliebe das Saitenspiel pflegt. Ob er dafür ein besonderes Talent besitzt, sei dahingestellt – normalerweise ist davon nur ein leichtes Sirren in den Lüften zu hören. Treibt er es aber, wie etwa im Frühling oder Herbst, gar zu wild damit, verwandelt sich dieses Instrument unter seinen Fingern in eine Sturmesharfe, und die Erde beginnt zu zittern.

Sein ständiger Aufenthaltsort ist das Riesengebirge. Das macht ihn zum Grenzgänger – nicht nur zwischen Dichtung und Wahrheit, Sage und Wirklichkeit, sondern auch zwischen den verschiedenen Völkern, die zu verschiedenen Zeiten dort lebten und heute noch leben. So kommt es, dass er unter mindestens drei verschiedenen Namen auftritt. Polnisch als *Liczyrzepa*, tschechisch als *Krakonoš*. Und deutsch eben als «Rübezahl», wobei – glaubt man Meyers

Konversationslexikon von 1889, was man in jedem Fall tun sollte! – dieser Name nicht unbedingt von der zweifelhaften Beschäftigung des Rübenzählens herrührt, sondern viel eher vom unsichtbaren, in der Erde steckenden Ende (Zahl, Zagel) der Rübe. Letzteres wäre zudem ein deutlicher Hinweis darauf, dass sein Wirken vornehmlich an der unsichtbaren Front vonstatten geht, im Schutz verschiedener Maskierungen.

Von seinen Taten sind, um nur einige Beispiele auszuwählen, die folgenden zu erwähnen.

Einmal traf Rübezahl einen armen, fleißigen Gebirgsbauern, der im Walde Holzäpfel sammelte. Rübezahl erschien dem Bauern in Gestalt eines rußigen Köhlers und führte ihn in seinen Garten. Dort gab es zwar auch Holzäpfel, aber nicht sehr viele, so dass es der Mühe kaum verlohnte. Der brave Bauer aber sammelte sie trotzdem auf, trug sie nach Hause und ließ sie bis zum Winter liegen. Als er sie für sein Kind an den Christbaum hängte, waren sie sehr schwer. Der Bauer schälte einen und – siehe da! – Kerngehäuse und Kerne waren von purem Golde. Das alles also ein Weihnachtsgeschenk Rübezahls im Werte von circa fünfzig Dukaten!

Ludwig Bechstein weiß in seinen «Deutschen Sagen» von einem anderen Vorfall zu berichten: «Ein Handwerksbursche kam auf einen Erbsenacker des Berggeistes, dessen Trivialname (d. i. Rübezahl – J. Sp.) schon auf einigen Ökonomiebetrieb hindeutet, fand köstliche Schoten, stillte damit seinen Hunger und Durst, und es fielen ihm auch noch ein paar in die Tasche. Zufällig griff er, nachdem er schon lange aus dem Gebiet des Geistes heraus war, in die Tasche, fand die Schoten und kernte sie aus. O Wunder, Goldkörnchen waren die Erbsen! – Jetzt wollte sich der Bursche im Leib zerreißen und wäre gern vor Ärger geplatzt wie das Rumpelstilzchen im Kindermärchen, um

nur den in sich hineingefressenen Reichtum wiederzuer-
langen – allein, was einmal durch die Gurgel gejagt ist,
ist hin. Spornstreichs rannte der Bursche zurück, den
Schotenacker zu suchen und Vorrat zu pflücken. – Ja –
guten Morgen!»

In einer tschechischen Variante der Rübezahl-Sagen will
der als Wanderbursche verkleidete Berggeist ein junges
Mädchen verführen. Das Mädchen ist bettelarm, und es begleitet einen reichen Bauern, der gerade eine Fuhre Mehl
aus der Mühle nach Hause fährt. Der Bauer hat Pfeife und
Tabakbeutel in der Mühle vergessen, geht also zurück und
bittet das Mädchen, auf die Wagenladung Mehl aufzupas-
sen. Da kommt der falsche Wanderbursche des Wegs, und
da er die Armut des Mädchens kennt, macht er den Vorschlag, einen Sack Mehl in den Straßengraben zu werfen.
Nachts könnte man den Sack ja mit der Schubkarre holen,
und die Not hätte fürs erste ein Ende.

«Was fällt Euch ein!» entrüstet sich das Mädchen. «Was
denkt Ihr von mir? Ich bin zwar arm, aber das heißt noch
lange nicht, dass ich stehle!»

Der Bauer kommt zurück, pafft zufrieden seine Pfeife
und sieht, dass sich dort hinten gerade ein zwielichtiger
Wanderbursche davonmacht. Er bedankt sich bei dem Mädchen, dass es so gut auf den Wagen aufgepasst hat, und be-
lohnt es mit einem kleinen Säckchen vom Wagen. Abends,
in seiner ärmlichen Stube, schnürt das Mädchen das Säckchen auf, doch – was für eine Überraschung: statt des
Mehls findet es Silbergroschen darin. Und wer steht
draußen vor dem Fenster und schaut herein? Der Wanderbursche alias Rübezahl.

Man ersieht aus allen drei Beispielen – bei Rübezahl
läuft es immer nach demselben Muster ab: Habgier und
Unbedachtheit werden bestraft. Arm, aber ehrlich wird be-
lohnt. Solcherart sind die Märchen, die uns hier aufgetischt

werden und die man sich über Rübezahl erzählt. Als heidnische Sagengestalt aus vorchristlicher Zeit nimmt er also die Aufgaben wahr, die später vom Jüngsten Gericht erledigt werden.

Zwar wohnt er, wie schon gesagt, im Riesengebirge, doch hat er, wie man unschwer erkennen kann, weltweite Verbindungen. Überall dort, wo sich riesige Gebirge auftürmen, die als Wetterscheiden nach Gutdünken Sonne und Regen zur Erde schicken, dort, wo die Menschen am Rande einer nicht oder kaum betretenen Natur stehen, schaffen sie sich in ihrer Phantasie solche sagenhaften Gestalten und Hoffnungsträger, die ganz anders sind als wir und die wir deshalb so dringend zum Leben brauchen.

Sten Nadolny

Friedrich List
Entschlossen ein Ende gemacht

Die Lexika bleiben vage: «...verfiel in Trübsinn...», «...in einem Anfall von Schwermut...», und der Leser bleibt allein mit seiner Frage: Was war der Grund? Warum hat Friedrich List sich getötet?

Er hatte ein hochinteressantes und erfolgreiches Leben in zwei Kontinenten hinter sich, und er hätte einen guten Teil auch noch vor sich haben können, so denkt man, und vor allem den Triumph, recht behalten zu haben. Der Zollverein der deutschen Staaten, den der Wirtschaftstheoretiker und Politiker unermüdlich gefordert hatte, war zum Zeitpunkt seines Todes längst zustandegekommen. Auch die Eisenbahn, deren Bau und Ausbau er durch ständiges Drängen und Begründen geradezu herbeigezwungen hatte, war unübersehbar da und erwies sich nicht nur als blühendes Geschäft für die Investoren, sondern auch als die Basis nationalen Zusammenwachsens, wirtschaftlichen Aufstiegs allgemein – und sie sorgte für die Mobilität der demokratischen Bewegung in der Zeit vor 1848.

List, siebenundfünfzig Jahre alt, ein berühmter Mann, mitten in Plänen und Verhandlungen, fährt zur Erholung von seiner Arbeitslast in die Alpen, führt eine Pistole mit sich, wird in einem Nest namens Kufstein von Depressionen geplagt (die hatte er wohl schon länger) und erschießt sich. Das war 1846, zwei Jahre vor einer Revolution, die mehr Leute wie ihn gebraucht hätte, um *nicht* zu scheitern. Vielleicht hätte er 1848 voraussehen müssen, um dafür am Leben zu bleiben? Auch die Zeitungsleser damals dürften sich gewundert haben: ausgerechnet dieser List mit

90

seinem euphorischen, jedoch stets konkret begründeten Fortschrittsglauben, seinen großen Visionen (die sich als realistisch erwiesen haben) der so viele Menschen begeistert hat!

Aus großer Entfernung oder nur von den äußeren Fakten her betrachtet, scheinen uns manche Ereignisse erstaunlich. Gehen wir nur etwas näher heran, lassen sich zumindest bessere Vermutungen anstellen.

List, 1789 in Reutlingen geboren, war Handwerkerssohn und lebenslang in Dialekt und Heimatverbundenheit ein Erzschwabe. Mit fünfzehn steckte er in der Lehre, um Weißgerber zu werden, wurde dann als begabt erkannt und in die Verwaltung geholt. Als junger Mann erhielt er bereits vom württembergischen König den Auftrag, die verwahrloste Verwaltung einiger Städte neu zu organisieren, was er mit Bravour erledigte. Mit achtundzwanzig war er Professor für Staatswissenschaft und Mitglied der Kammer. Eine riesige Chance: der Mann hätte königlicher Minister werden können, es war nur noch eine Frage der Zeit. Da aber fing er an, sich unbeliebt zu machen, vor allem, weil er der damals herrschenden Wirtschaftslehre widersprach, nämlich der von Adam Smith. List war nicht grundsätzlich gegen einen weltweiten Freihandel, aber er sah den Zustand Deutschlands sehr realistisch. Es war das, was wir heute mit dem Begriff «dritte Welt» belegen würden, also dem industriell entwickelten Westen – England vor allem – weit unterlegen. Der Grund lag unter anderem in seiner staatlichen Zerrissenheit: «Achtunddreißig Zoll- und Mautlinien in Deutschland», so schrieb List 1819, «lähmen den Verkehr im Inneren und bringen ungefähr dieselbe Wirkung hervor, wie wenn jedes Glied des menschlichen Körpers unterbunden wird, damit das Blut nur ja nicht in ein anderes überfließe.» Die Schlüsse, zu denen er kam, stießen auf Widerspruch: Erstens wollte er, dass die deutschen Gebiete insgesamt gegen die wirtschaftliche Übermacht, also gegen die billige Technik aus England, durch Zölle geschützt würden. Dafür hassten ihn die Romantiker des freien Welthandels. Zweitens: Zu diesem Zweck mussten sich die deutschen Kleinstaaten zu einem Verband zusammentun und eine gemeinsame Außenwirtschaft betreiben – das behagte den auf ihre Souveränität bedachten Königen, Fürsten und Fürstchen nicht. Auch nach seiner Entlassung aus Universität und Kammer hörte er nicht auf, mit dem von ihm gegründeten «Deutschen Handels- und Gewerbeverein», einer Vorform heutiger Unternehmerverbände, für Zollunion und Schutzzölle einzutreten. Wer damals nicht dem König nach dem Munde redete, geriet rasch ins Gefängnis. So auch List. Es gelang ihm zwar, nach Frankreich zu flüchten, aber das Heimweh trieb ihn zurück. Abermals eingesperrt, wurde er nur nach dem Versprechen entlassen, dass er unverzüglich nach Amerika auswandern werde. Was er auch tat. Amerika aber war für diesen Anwalt wirtschaftlicher Freiheit genau das richtige Land.

In Pennsylvania warteten auf ihn die Chancen Nr. 2 und 3. Denn der fleißige und neugierige Mann, der sich sofort mit Feuereifer daran machte, das politische und Wirtschaftsleben, ja bis ins Detail die Natur- und Bodenschätze der Vereinigten Staaten zu studieren, entdeckte und sicherte sich ein Gebiet mit Kohleflözen und begann, die Kohle abzubauen und mit einer selbstfinanzierten Eisenbahn zu den Häfen zu transportieren. Mit großem Erfolg. In einem zuvor wilden Landstrich entstanden so zwei neue Städte: Port Clinton und Tamaqua. List war innerhalb weniger Jahre Millionär, eine Riesenchance mindestens für ein Leben nach gusto. Die nächste Chance: List diente als Wahlhelfer, Freund und Berater dem Präsidentschaftskandidaten Andrew Jackson, der dann die Wahl gewann und List viel zu verdanken hatte. List hätte in dem jungen Staatswesen Minister und mehr werden können, wäre nicht wieder sein unstillbares Heimweh gewesen – er musste zurück. 1832 war er wieder in Deutschland. Damit er nicht gleich wieder von den Württembergern verhaftet werden konnte, hatte Freund Jackson ihn zum Konsul der Vereinigten Staaten in Baden gemacht. Nun wurde er noch einmal zum Propagandisten für den Zollverein, in der letzten Phase vor dessen tatsächlicher Entstehung: 1833 schlossen sich 38 deutsche Kleinstaaten unter preußischer Führung zollpolitisch zusammen. Jetzt kam es darauf an, den neu entstandenen Binnenmarkt zum Funktionieren zu bringen. Wohlverstanden: List wollte keineswegs den wirtschaftlich nach außen abgeschlossenen, «autarken» Nationalstaat. Er war durchaus ein Anhänger des offenen Handels, aber – mit einer durch Zölle geschützten Entwicklungschance für das industriell unterentwickelte Deutschland – sein Zollverein war einer «auf Zeit»! Folgerichtig kämpfte List für die Eisenbahn, die dem neuen Organismus sozusagen die Adern geben sollte. Die erste Bahnlinie Nürnberg-Fürth (sechs Kilometer, 1835) war noch eine Art Versuchsstrecke. Die zwischen Dresden und Leipzig, bereits mit fühlbarem Effekt als Wirtschaftsmotor, war ganz Lists Werk, und er selbst war ja Motor und Lokomotive: Unbeirrbar trommelte er, jetzt amerikanischer Konsul in Sachsen, für den Ausbau nicht nur der Eisenbahnen, sondern auch der Binnenschiffahrt, vermochte phlegmatische Minister und konservative Bankiers zu bewegen, potentielle Investoren bekamen beim Zuhören glänzende Augen. Er schien überall gleichzeitig zu sein – wobei ihm das wachsende Eisenbahnnetz auch selbst zugute kam.

Dann ein schwerer privater Rückschlag: sein amerikanischer Bankier machte Pleite, das Vermögen war verloren – und er praktisch ohne Stellung und ohne Mittel (Konsul war er nicht mehr, und Jackson nicht mehr Präsident). Die Welt verdankt dieser Notlage immerhin ein Buch, das List schrieb, um Geld zu verdienen: «Das Nationale System der Politischen Ökonomie», wodurch er so etwas wie der Stammvater der späteren «Nationalökonomie» wurde (Volkswirtschaft, ein Jahrhundert lang der Begriff für Wirtschaftslehre schlechthin) und zugleich, wie John Kenneth Galbraith ihn genannt hat, Deutschlands bedeutendster Weltökonom. Im Gegensatz zu den eher auf ideologischem bis schwärmerischem Niveau operierenden damaligen Anhängern Adam Smiths und des Freihandels war List derjenige, der Staat und Wirtschaft in einem präzisen, jeweils von Ort und Zeit abhängigen Zusammenhang sah – auf Lists Beobachtungen und Empfehlungen baut die Arbeit auf, für die wir heutzutage Wirtschaftsminister bezahlen.

List war aber trotz des akzeptablen Bucherfolges und laufender journalistischer Arbeiten weiter in Geldnot, und niemand gab ihm eine angemessene Anstellung, niemand wollte den allzu Großen haben. Oder war er vielleicht persönlich etwas penetrant, gar unerträglich? Das sind Visionäre nicht selten, und dann sind sie nun einmal etwas allein. Liegt hier, in Verbindung mit der Geldnot, ein Grund für Melancholie und Selbstmord? Sein Freund Andrew Jackson starb übrigens 1845, ein Jahr vor ihm.

Eine weitere Vermutung: Lists Ideen drohten sich auf eine Weise durchzusetzen, die einer Verfälschung gleichkam: der Nationalismus spielte bereits jetzt mit Gedanken, die nicht nur militärisch, sondern auch wirtschaftlich auf Selbstisolierung, ja Expansionismus hinausliefen – das Gegenteil dessen, was List im Sinne hatte. Wurde dieser seherische Mann vielleicht bereits von einer Vorahnung des Weltkriegs heimgesucht?

Oder ist es einfach so, dass die Kraft von Menschen wie

List, die zeit ihres Lebens den optimistischen Stürmer und Dränger geben, in Anderen Feuer entfachen und ihnen eine bessere Welt in Köpfe und Hände legen, irgendwann verausgabt ist? Ist List für diese hellere Welt verglüht? Wollte er in Kufstein nur noch die Asche aus dem Weg räumen?

Wir müssten uns entschließen, noch näher heranzugehen, müssten viele Bücher über List lesen – und würden vermutlich nur immer weiter «warum?» fragen. Glaube doch niemand, man könne die Verzweiflung eines Menschen ohne weiteres verstehen.

Hartmut von Hentig

Baltendeutsche
«Wir wollten lieber Russen als Sachsen sein»

Neulich hat ein Besucher das Bleistift-Portrait, das Wilhelm von Kügelgen von seiner Tochter Anna angefertigt hat, in meinem Arbeitszimmer bewundert, und ich habe ihm die durch Erb-Vornamen, Zwillingsbruderschaft, wechselseitige Verschwägerung und den endemischen Malerberuf verwirrende Ahnenschaft meiner Mutter erklärt. Ja, den «Alten Mann», den kannte der Besucher auch. Aber dessen Vater Gerhard, Bruder Gerhard und Onkel Karl hatte er alle durcheinandergebracht. Dass auch der Sohn – mit 33 Jahren im preußisch-österreichischen Krieg gefallen – Gerhard hieß, habe ich mit Fleiß unterschlagen. Ich empfahl ihm die Briefe Wilhelms an den Bruder, schwärmte von deren neuer vollständiger Ausgabe und ließ im Erzählerübermut wissen, dass mein Vater an ihrer ersten Veröffentlichung beteiligt gewesen sei: Als deutscher Geschäftsführer in Reval habe er sie «ins Reich», wie man damals sagte, verbracht, wo sie 1923 innerhalb kürzester Zeit als «Lebenserinnerungen des Alten Mannes» erschienen.

Es war eine doppelt heikle Ware: Gerhard hatte die Briefe seines Bruders aus den Jahren 1840 bis 1867 gesammelt und dessen Verfügung, sie nach seinem Tod zu vernichten, dadurch umgangen, dass er sie sämtlich abschrieb: weit über zweitausend Seiten. Seine eigenen Briefe hingegen hat Gerhard, der seinen Bruder um sechzehn Jahre überlebte, tatsächlich zerstört. Sodann – aber nun geriet ich ins Stocken – gab es da Einwände der Kügelgen-Familie gegen die Publikation oder doch gegen deren Umstände. Ich kannte sie nicht und beschied meinen Gast mit der allgemeinen

Auskunft: Die Kügelgens seien, obwohl russische Untertane, während des Ersten Weltkriegs – wie alle deutschstämmigen Balten – nach Sibirien deportiert worden. Vor dem eiligen Aufbruch hätten sie wichtige und wertvolle Dinge in einer zu dem Kloster Pechorin gehörigen Höhle versteckt. 1918 seien sie in das von der Baltischen Ritterschaft zum unabhängigen Staat erklärten Estland heimgekehrt und hätten ihre Besitztümer zurückerhalten. Noch Jahre später freilich hätten sie in Ungewissheit gelebt, und so sollten wenigstens die kostbaren Briefe des berühmten Ahnen in Sicherheit gebracht werden. Damit diese nicht an einer der verschiedenen Grenzen beschlagnahmt würden, habe man sie dem Kurier der deutschen Gesandtschaft anvertraut. So sei das Paket mit den in drei Lederbände gebundenen Abschriften in die Hände meines Vaters geraten. Der wiederum sei mit Kurt Koehler, dem Chef des Verlages Koehler & Amelang in Leipzig befreundet gewesen, wo die Briefe dann auch, von Paul Siegwart von Kügelgen und Johannes Werner ediert und 1923, erheblich gekürzt, in den Druck gegangen seien.

Soweit meine Kenntnisse. Was gegen die Publikation sprach, wusste ich nicht und war nun neugierig. Drei Tage lang habe ich in der wundersam erhaltenen Korrespondenz der Alten gelesen und nichts zu diesem Vorgang gefunden – wohl aber ein Kuvert mit aufgedrucktem Verlagssignet, darin ein Schreiben des Verlagschefs an meinen Vater und ein zweiter kleinerer Umschlag – vergilbt, brüchig und von Hand beschriftet.

«Lieber Hentig,» schrieb der Verleger, «Beiliegendes fand sich im zweiten Band der mir überbrachten Bände mit den Briefen von W. v. K. Es handelt sich um einen der vernichtet geglaubten Briefe seines Bruders Gerhard, wohl um 1850 geschrieben und nie abgeschickt, später dann aus dem Besitz der Kügelgens hier deponiert. Eine kleine Sensation! – aber für unsere Publikation eher störend: eine einzige Antwort auf 159 Briefe, dazu eine, die die Vorstellung von Eintracht trübt, welche die Sammlung sonst vermittelt, und möglicherweise nur aus diesem Grund vom Schreiber aufgehoben. Hier offenbart der im Zarenreich Verbliebene eine deutlich andere Wahrnehmung der politischen Verhältnisse und Ereignisse als sein Bruder. Der Brief müsste nun an der richtigen Stelle eingeordnet und kommentiert und die in ihm enthaltene Auseinandersetzung mit Fakten unterfüttert werden. Da wir keine wissenschaftliche Edition, sondern buchstäblich eine Volksausgabe planen – ein Pendant zu den liebenswürdigen ‹Jugenderinnerungen eines Alten Mannes› – und da wir ohnedies allerhand Ballast abwerfen müssen (ich stelle mir vor: fast die Hälfte des gemütvollen, gemütlich einherschreitenden Textes), ziehe ich es vor, diesen Brief einfach zu ignorieren. Eine spätere Zeit mag entscheiden, ob sie mit der Hinterlassenschaft des W. v. K. dereinst anders verfahren will. Geben Sie also den Brief an die Familie Kügelgen zurück oder behalten Sie die trouvaille, wie es Ihnen gut scheint.

Herzlichst Ihr Koehler.»

Der kleine Umschlag trug die Anschrift: Sr Hochwohlgeboren dem Herrn Wilhelm von Kügelgen / Herzoglichem Hofmaler/Ballenstedt im Harz/Neue Straße 10/Herzogtum Anhalt-Bernburg über St. Petersburg, Berlin, Magdeburg.

Er enthielt vier Bögen gleichmäßig mit einer sehr flüssigen und mehr anmutigen als charaktervollen Handschrift bedeckt, wie sie so leicht lesbar heute niemand mehr schreibt. In der linken oberen Ecke steht «Entwurf». Anrede und Grußformel am Schluss fehlen. Es geht medias in res:

Schwerlich werden wir uns einigen. Unsere Erlebnisse sind zu verschieden. Die krakeelende, dumme Menge, eine Re-

volution von Dorfschullehrern, die allgemeine öffentliche
Unordnung, ein paar Rempeleien in den Straßen – das lässt
Dich gleich einen Krieg herbeiwünschen: «einerlei mit
wem, und vor der Hand einerlei von welchem Erfolg, damit die Staatsmuskeln sich nur etwas wiederanspannten».
Weil das Volk politisch unreif ist (und die Fürsten auch),
bist Du froh über jedes bisschen «Absolutismus», das einer zeigt. Constitutionen sind Dir das größte Ärgernis,
weil schimärisch und lügenhaft, und im Parlamentarismus
siehst Du nichts als eine organisierte Demagogie. Die De-
mokraten «terrorisieren» den Landtag, wie Du schreibst,
und der lässt sich einschüchtern, löst das Ministerium auf
und nimmt hin, dass man Deinen gütigen, aber doch auch
zweifelhaften Herzog verscheucht. Die Soldaten und ein
kaiserlicher Commissär haben ihn «gottlob» zurückgeholt.
Die Bürgergarde trat zusammen mit Oberreiter Brehm als
gewähltem Hauptmann und – potztausend! – mit Dir als
gewähltem Gemeinen, um die Häuser zu sichern. Du gabst
Deiner Frau Anweisung, was zu tun sei, falls «die Rotte»
vors Haus rücke.
    Ich gebe zu, das ist alles unerfreulich, ja erschrecklich,
und ich maße mir nicht an, ich würde gegen soviel terreur
die Vernunft bewahren. Aber darf man deshalb allgemeine
Urteile formen und fällen der Art, dass man nicht nur die
Plebs, sondern das deutsche Volk und gar die Menschheit
verachtet? dass Krieg sein soll, weil allein er vor Zucht-
losigkeit rettet? dass uns die Einheit Russlands gepriesen
und ein uns fremder, ja widriger Absolutismus empfohlen
wird? Die Landtage helfen nirgends, schreibst Du, und also
auch der baltischen Ritterschaft nicht. Nun, der Grund für
das letztere ist doch, dass der unsere weder im Volke wur-
zelt noch von philosophischem Geist durchweht wird. Du
magst recht haben, dass die Frankfurter Professoren Rai-
sonneurs sind und doctrinär obendrein, – uns hier freilich

fehlt in politicis jeder geistige Atem. Und Deine frühere Behauptung, dass die Befreiung der Bauern 1832 «keinen Dreck wert sei» ohne Grundeigenthum, die bewahrheitet sich heute: Arm, faul und gleichgültig sind sie geblieben, weil unbeteiligt an den Entwicklungen. Nur eine bessere Constitution könnte helfen, nicht ein militärisches Zentralregime nach Art unseres Nikolaus, nicht dessen straffer Polizeistaat, nicht russische «Einheit», nicht die Ordnung, nach der Ihr Euch in Euren revolutionären Tumulten so sehnt. Dein Sohn Gerhard schreibt: die Lehrer am Gymnasium vergäßen jetzt immer Arbeiten aufzugeben – das sei wohl das sicherste Zeichen einer höchst bedeutungsvollen Zeit. Ja, wenn das bei Euch geschieht, steht wohl Armagedon bevor!

Als wir Kinder waren und die Russen Dresden erst entsetzten und dann besetzten, waren sie für uns die großen Befreier; wir waren glücklich – und protzten vor unseren Nachbarn damit –, wenn unsere Verwandten in der Uniform des Zaren uns Buben bei der Hand nahmen; wir wollten lieber Russen als Sachsen sein. Aber hier in der kleinsten der Ostseeprovinzen des großen russischen Ungetüms sind wir eine gefährdete und nicht gerade geliebte Minderheit, und nur weil die Russen es auch sind und uns brauchen, lässt man uns unsere Privilegien. Der Adel sei «eine mächtige und thatsächlich vorhandene Corporation» schreibst Du. Ist er auch eine gestaltende, den allgemeinen Fortschritt fördernde und nutzende? Ist er nicht eher eine mit der russischen Verwaltung fraternisierende Classe, die so tut, als gelte es noch immer, einen Napoleon aus dem Land zu jagen?

Du hast das Buch «Halbrussisches» von Aurelio Budeus gelesen und kritisiert. Nun, genau das sind wir Adligen hier – ein halbrussisches Gebilde. Es wird Zeit, dass Du uns wieder besuchst und Deine Vorstellungen überprüfst. Über zwanzig Jahre hast Du uns leider gemieden. Du trägst ein ehrfürchtiges Bild von Russland mit Dir herum, wie Onkel Karl es gemalt hat, und ein idyllisches von seinen Herrschern, wie unser Vater sie porträtiert hat: Paul I. und sein Sohn Alexander im Kreis der anmutigsten aller Familien – ein Inbegriff europäischer Kultur und Aufgeklärtheit. Aber wir haben jetzt einen Nikolaus I., unter dem die vielen Völker Russlands nichts zu lachen haben, wenn sie nicht ganz und gar russisch werden – russisch glauben, russisch sprechen, am Ende russisch gehorchen. Dies alles würdest Du gewiss nicht wollen – und so ist es auch zweifelhaft, ob ich gut tue, Dir dies alles zu schreiben.*

Von meinem Vater ist mit Bleistift am unteren Rand vermerkt: «Bei Gelegenheit an Siegwart von Kügelgen weitergeben. – Causa baltica iudicata!»

Was gegen die Publikation der Briefe Wilhelm von Kügelgens einzuwenden war, weiß ich noch immer nicht. Dass mein Vater den Brief von Gerhard nicht weitergegeben hat, das steht fest. Soll ich darüber richten, nenne ich es eine culpa felix.

* Die Briefe von Koehler und Gerhard von Kügelgen sind vom Autor fingiert.

Hanno Helbling

Otto von Bismarck
«Sie mit Ihren Fanfaren…»

Man speiste bei offenen Fenstern an diesem Sommer-
abend im Jahr 1870 und ließ sich durch die Geräusche nicht
stören, die von der Straße heraufdrangen. Bismarck hatte
die Kerzen anzünden lassen, die dem Tafelsilber einen
wärmeren Schimmer verliehen als das abendliche Licht,
das schon etwas stumpfer durch die leise bewegten Tüll-
gardinen hereinfiel. Während eben der Fisch gereicht
wurde, überbrachte der angehende Legationsrat Jobst von
dem Knesebeck eine Depesche. Bismarck überflog sie
und ließ sie dann neben dem Teller liegen. «Und stellen Sie sich vor», sagte er zu seinen Gästen Moltke und
Roon, «keine zwei Stunden, nachdem der Esel die Büchse
mit dem verschobenen Korn in Empfang genommen und
sich in den Wald getrollt hat, steht er wieder da, strahlt
wie ein Maikäfer und bedankt sich für den kapitalen
Bock, den er meinem Revier hat entnehmen dürfen.»
«Tableau!» rief Moltke, und Roon fügte kopfschüttelnd
ein «Donnerwetter!» hinzu; beide blickten den Erzähler
fragend an.

   «Dieser feine Waidmann», erläuterte Bismarck, «ist
über die erste Wurzel gestolpert, die in seinem Weg lag. Er
fällt also hin, das Gewehr fällt auch, und wie er es wieder
aufnimmt, will er sich davon überzeugen, dass es keinen
Schaden genommen hat. Und siehe da: das Korn ist ver-
schoben. ‹Welch ein Glück, dass ich das entdeckt habe›
sagt er *mir*! und ich muss ihn noch beglückwünschen, zu
seiner Umsicht und zu dem Bock, den ich jedem anderen
eher gegönnt hätte als diesem – warten Sie noch auf et-

was?» unterbrach er sich, da er sah, dass Knesebeck stehen geblieben war.

«Exzellenz», sagte der junge Beamte, «werden bemerkt haben, dass in der Depesche, die ich Eurer Exzellenz vorzulegen die Ehre hatte, Eurer Exzellenz anheimgestellt wird, dieselbe vielleicht noch weiterer Bearbeitung –» «Gar nichts habe ich bemerkt», antwortete Bismarck, «außer dass Sie in einem einzigen Satz, der noch nicht einmal fertig ist, dreimal ‹Exzellenz› gesagt haben. Darüber ist der Fisch kalt geworden, und ich soll nun also Ihre Depesche lesen, obwohl sie nur wieder von der Hohenzollerschen Kandidatur auf den spanischen Thron handelt, die ihren einzigen Zweck längst erreicht hat, nämlich die Herren Franzosen ein wenig zu ärgern. Ja, sehen Sie», fuhr er fort, nun wieder zu seinen Gästen gewandt, «da teilt also der gute Abeken mit, der französische Botschafter habe sich auch noch auf der Kurpromenade in Ems an Seine Majestät den König herangemacht und auf eine immerwährende Garantie gedrungen, wonach die preußische Regierung nie wieder einer solchen Kandidatur zustimmen werde.»

«Unerhört!» riefen Moltke und Roon wie aus einem Munde. Und der Kriegsminister fügte bei: «Ich kann schon das eine nicht verstehen: Warum lässt sich Allerhöchstderselbe in eigener Person zu einer Unterredung mit einem fremden Agenten herbei? Dafür gibt es doch ein Ministerium.» Bismarck lächelte.

«Man merkt, lieber Roon», sagte er, «dass Sie nie Botschafter gewesen sind. Ich selber war es und hätte mich in dieser Eigenschaft ungern als ‹fremder Agent› tituliert gefunden. Aber wie dem auch sei, Seine Majestät hat, wie ich hier lese, Herrn Benedetti ‹zuletzt ein wenig ernst› zurückgewiesen. Das wollen wir ja nun nicht publizieren, dem französischen Ministerium wird es jedoch in geeigneter Form zur Kenntnis gebracht werden. – Aber natürlich», sagte er zu Moltke und reichte ihm das Blatt über den Tisch, während der Chef des Großen Generalstabs seine Brille hervorsuchte. Inzwischen wurde der Fisch abgetragen, und der Gastgeber griff nach der Karaffe mit dem Rotwein.

«Ich verstehe jetzt», sagte Moltke, nachdem er gelesen hatte, «worauf dieser junge Mann – übrigens Enkel eines unserer großen Soldaten – immer noch wartet. Hier steht: ‹Seine Majestät stellt Eurer Exzellenz anheim, ob nicht die neue Forderung Benedettis und ihre Zurückweisung sogleich, sowohl unsern Gesandten als in der Presse, mitgeteilt werden sollte.› Dass Ihnen dies mit solchen Worten ‹anheimgestellt› wird, scheint mir doch beinahe zu bedeuten, dass Seine Majestät es wünscht.»

«Meinen Sie?» fragte Bismarck und hielt sein Glas, das er inzwischen eigenhändig gefüllt hatte, vor eine Kerze; sein Lächeln konnte das Wohlgefallen an der rubinroten Farbe spiegeln. Aber Roon lächelte gleichfalls und meinte: «So wie wir unseren Freund kennen, lieber Moltke, wird er die Meinung Allerhöchstdesselben dahin deuten, dass ihm anheimgestellt werde, ob er aus diesem Satz einen Wunsch oder doch eher nur eine unvorgreifliche Anregung herauslesen wolle.»

«Aber sehen Sie doch», erwiderte Moltke, «wie wünschenswert es tatsächlich wäre, den Franzosen zu bedeuten... Wie stehen wir denn da! Wir sympathisieren mit der Kandidatur eines deutschen Fürstenhauses auf den spanischen Thron –» «Nicht offiziell!» warf Bismarck ein. «Gleichviel, man schreibt uns diese Sympathie zu – und wie sollte man nicht. Die französische Regierung entsetzt sich, in Diplomatie und Presse werden ein paar Schüsse abgegeben, und schon verzichten die Hohenzollern, distanziert sich die preußische Regierung, und Seine Majestät muss sich obendrein die Anrempelung – jawohl, die Anrempelung! Wissen Sie was?» fragte Moltke und blickte von einem zum andern. «Wenn man diese Depesche gründlich redigierte – die unerhörte Zumutung und die Zurückweisung durch Seine Majestät, die hier noch einen etwas zahmen Eindruck macht, aber das ist eine Frage der Formulierung – meine Herren, das gäbe einen Klang, einen Fanfarenklang... Haben Sie denn gar keine Lust, diesem Operettenkaiser einen gehörigen Schrecken einzujagen?»

«Ach, Moltke», sagte Bismarck, «Sie mit Ihren Fanfaren... Ich verstehe Sie ja. Wer spielte nicht gern ein wenig mit dem Feuer. Und ebenso gern will ich glauben, dass der hoffnungsvolle junge Knesebeck sich nicht weniger tapfer schlagen würde als sein Großvater, wenn es darauf ankäme – aber sollen *wir* es darauf ankommen *lassen?* Ich schlage Ihnen etwas anderes vor: erstens, wir sorgen dafür, dass die Hammelkeule, die hier gebracht wird, nicht auch noch kalt wird. Und zweitens, wir bitten Herrn von dem Knesebeck, sich zu vergewissern, dass unserer Gesandtschaft in Paris das Telegramm aus Ems zu vertraulichem Gebrauch übermittelt wird. Zum Lohn dafür, dass er so lange hier gestanden und gewartet hat, soll er sich nächstens selbst zu dieser Gesandtschaft verfügen dürfen – was meinen Sie, Roon?»

Der Kriegsminister nahm sich ein Stück von der Hammelkeule, die ihm als erstem gereicht wurde, bevor er antwortete: «Es klingt wie Chamade – aber wenn unser Gastgeber dafür sorgt, dass auch wir ein Glas Wein bekommen, habe ich nichts dagegen, auf eine friedliche Zukunft anzustoßen.»

Günter Wallraff

Lauter Deutsche
Damit auf dem Papier alles seine Ordnung hat

Wolfgang Kästner (40) war von 1978 bis Ende 1989 haupt-
verantwortlicher Jäger, Heger und Organisator des Gäste-
und Sonderjagdreviers der SED in Suhl/Thüringen.

Wolfgang Kästner: Ich wollte als Kind schon Förster werden, und mit achtzehn wurde ich der jüngste Jäger und
Jagdleiter im Bezirk Suhl. Um die Jagderlaubnis zu bekommen, musstest du auf alle Fälle SED-Mitglied werden. Und
um Revierförster zu werden, musstest du dich freiwillig
länger zur Armee melden. Hab ich gemacht, obwohl es mir
gegen den Strich ging.

Vater Kästner: Man kann sagen, dass die Jagd bei uns in
den ersten Jahren mal dem Volk gehörte. Der Beitrag jeden
Teilnehmers richtete sich nach dem Verdienst, um die fünf-
zig Mark im Jahr. Bis in die siebziger Jahre war es noch eine
Volksjagd. Man traf sich, man kannte sich. Es war Liebe zur
Natur. Wenn man nichts schoss, war man auch zufrieden.
Es gab noch keinen Jagdneid und nicht diese Über- und
Unterordnung.

So, wie die politische Entwicklung in der DDR ihren
Lauf nahm, der immer größere Machtanspruch der Partei,
das Entstehen einer neuen Bonzokratie, so verluderte auch
die Jagd.

Wolfgang Kästner: Es galt plötzlich als schick, wenn man
zur Jagd ging. Ob man Generalsekretär war oder Politbüro-
mitglied oder sonstwie das Sagen hatte. Man hatte es in
Berlin auf einer Konferenz erfahren: Du, ich geh auf die
Jagd, probier's doch auch mal. Ich hab Beziehungen, das
läuft schon.

Und solche, die nur aufgrund ihrer gesellschaftlichen Stellung und Funktion reingekommen sind, gaben dann den Ton an. Aus Hege und Pflege des Wildes wurden Mordlust und Trophäensucht.

Die hohen Gäste zum Schuss zu bringen, war unsere Verpflichtung. Dem hatte sich alles andere unterzuordnen. Ich war hinter jedem Spaziergänger oder Pilzsucher her. Das ist ein verdammt gutes Steinpilzgebiet, und die besten Steinpilze gibt's in der Brunftzeit. Wir haben das über den Dreh mit den Schildern «Militärisches Sperrgebiet» gemacht.

Wir hatten eine sehr hohe Wilddichte. Die Tiere wurden angefüttert, damit die Jagdgäste auf jeden Fall zum Schuss kamen. Wenn zum Beispiel der Minister für Handel und Versorgung, Briksa, einer der geilsten Schießer, uns mit seinem Besuch beehrte, dann lautete die Parole: «Wenn der heute keinen Hirsch schießt, bekommt der Bezirk Suhl morgen keine Bananen!» Das war dann ein dienstlicher Befehl. Wenn was schiefging, war ich der Verantwortliche.

Im Schnitt schoss der Briksa allein bei uns zehn Hirsche im Jahr. Der ging zur Jagd wie früher ein General in die Schlacht. Der machte sich vorher eine genaue Skizze, wollte von mir wissen: Um wieviel Uhr kommt der Bock von woher? Da hatte der Briksa seine Zeichnung. Busch A, Hecke B, Bock, und dann hat er Striche gemacht wie auf einem militärischen Einsatzplan.

Selbst Schonzeiten galten nicht, wenn es von oben angeordnet wurde. Die setzten alle Gesetze außer Kraft, wenn es ihnen opportun erschien. Als der Stellvertreter vom Arafat hier war, gab mir mein Chef die Order: «Der muss unbedingt zum Schuss kommen!»

Ich: «Was soll der denn schießen? Es ist alles zu, bis auf das und das, und das kommt dort heute Abend garantiert nicht.»

«Wolfgang, du musst das verstehen, der kann morgen in der Wüste sein Leben lassen. Dem Mann wird das in ewiger Erinnerung bleiben, dass er hier im Bezirk Suhl was geschossen hat. Der schießt heute Abend das, was kommt!» Dann hat er halt geschossen, eine führende Bache, also eine mit Frischlingen, und die sind eigentlich absolut geschützt. Einem Normalsterblichen aus einer normalen Jagdgesellschaft hätten sie sofort die Jagderlaubnis entzogen. Unser Ehrengast durfte noch nicht mal wissen, dass er sich strafbar gemacht hatte.

Dasselbe Spiel musste ich mitspielen, als es um so 'nen Wettkampf und Kongress eines internationalen Sportschützenverbandes ging. Die Unsern wollten unbedingt einem Schweden besonders zu Gefallen sein, weil der als Vorsitzender in den Verband gewählt werden sollte. Da scharwenzelten die Bezirksparteispitzen um mich rum: «Wolfgang, das ist was Hochpolitisches, der ist ganz wild auf 'ne Sau, hat noch nie eine geschossen, wenn du ihm eine vorlegst, wird der sich später auch bei Abstimmungen in unserem Sinn erkenntlich zeigen!»

Bei Treibjagden wurde ich am meisten gehetzt. Da haben sie mir als Plan-Abschuss-Soll zum Beispiel sechzig Sauen vorgegeben auf einem Territorium von über tausend Hektar. Es mussten neue Leitern, neue Ansitze gebaut werden. Alles generalstabsmäßig. Siebzig Treiber organisiert, Freunde dazu, zehn Mann, die das Jagdhorn blasen, Hundeführer, Köche und Köchinnen. Und dann hab ich nur noch geschwitzt und gezittert, dass da bis abends alle am Leben bleiben, denn von den hohen Geladenen aus Berlin hatten doch viele keine Ahnung. Die haben einfach in die Gegend geballert.

Auf die Treiber wurde keine Rücksicht genommen. Wenn's zum Beispiel regnete, sie durchnässt waren, und es wurde Frühstück gemacht, dann standen sie draußen ums

Feuer rum und froren, und drinnen in der Jagdhütte wärmte man sich von außen und innen auf, und Trinksprüche machten die Runde. Wenn mein Chef im zweiten oder dritten Treiben noch nichts geschossen hatte, dann wurde auch noch ein viertes oder fünftes angesetzt. Für die Treiber wurde es Nacht, obwohl sie nur bis sechzehn Uhr verpflichtet waren, «ehrenhalber» übrigens, nach dem Motto «Dabeisein ist alles».

Nicht ein einziges Mal habe ich erlebt, dass die erlauchten Gäste einem Treiber was abgegeben hätten. Keiner, der gesagt hätte: «Hier, Treiber Fritz, gleich ist Heiligabend oder Silvester, nimm die Wildschweinleber mit zu deiner Familie.» Nein, da haben sie ihre Prinzipien, die sind vom Stamme Nimm, alles heim ins eigene Reich! Und die Treiber, durchnässt, müssen das Wild noch aufladen und in die Kühlkammern fahren.

Eins hab ich in den zehn Jahren begriffen: Es gibt nichts auf der Welt, nicht einmal die Liebe, wo ein Mensch seinen Charakter so offenbart wie bei der Jagd. Sicher bin ich mitschuldig geworden. Wir haben sie verwöhnt, und wir waren ihr liebstes Spielzeug. Für die Spitzen unserer Gesellschaft war die Jagd die Krönung. Wenn sich zwei Minister begegnet sind oder zwei Wirtschaftsleute, haben die sich in der Regel zuallererst über die Jagd ausgetauscht. Und nicht etwa: Wieviel Wildbruch habt ihr denn bei euch im Bezirk?, sondern als erstes, was, wann, wieviel wo zuletzt geschossen wurde. Ob die nun Sindermann, Stoph, Pfaff, Honecker oder Mittag hießen. Der Mittag, so hörte man, war der trophäenwütigste Schießer. Der wusste nachher nicht mehr, wohin mit seinem ganzen Trophäengestänge und -gepränge, und hat seine Garagenwände von außen damit bestückt.

Nebenbei war ich Jagdleiter im sowjetischen Militärgebiet im Bezirk Suhl, achttausend Hektar groß. Die Russen sind meistens Fleischjäger. Die können dieser deutschen Protz- und Trophäenjagd nichts abgewinnen.

Nach den Jagdgesetzen der DDR und Vereinbarungen mit den sowjetischen Militärs war festgelegt, dass in deren Jagdrevier achtzig Prozent der Strecke von den sowjetischen Genossen erlegt sein mussten, die restlichen zwanzig Prozent von uns. Nun war's in der Praxis umgekehrt, und ich war dazu verdonnert, Ende des Jahres die Wildbilanzen zu frisieren. Musste für das erlegte Wild einen Ursprungs- und Totenschein ausstellen und nachweisen, wer jedes Tier geschossen hatte. Da hab ich halt, wenn der Minister Briksa zum Beispiel in einer Saison zehn Böcke geschossen hatte, dahinter geschrieben: «Erleger: Sowjetischer General.» Damit auf dem Papier alles seine Ordnung und Richtigkeit hatte. Als ich mich irgendwann den sowjetischen Freunden anvertraut hatte, war ich bei meinen Vorgesetzten plötzlich der «Russenfreund». Und das war kein Ehrentitel. Spätestens beim deutschen Hirschen hörte bei ihnen die deutsch-sowjetische Freundschaft auf.

Die Russen waren nicht so steif und förmlich wie die Unseren, und wenn man da einen Freund hatte, da wusste man auch, dass der ein richtiger Freund war. So arrogant, überheblich und gefährlich viele unserer Führungsleute sind, so offenherzig, großzügig und hilfsbereit sind in der Regel die russischen Offiziere. Richtig über die hergezogen sind die Unseren, haben voll die Sau rausgelassen, als Gorbatschow mit Glasnost und Perestroika begann. Da kamen die ganzen alten Vorurteile von früher wieder hoch:

Russen seien faul, schlampig, oberflächlich und könnten vor allem nicht organisieren, worin wir ja bekanntlich Weltmeister sind. Die sollten gefälligst arbeiten und ihren eigenen Saustall in Ordnung bringen, statt uns vorzuschreiben, was Sozialismus ist...

Eines Tages habe ich mir beim Holzhacken den Daumen

abgehackt. Ich hab ihn in die Hand genommen und bin ins Krankenhaus gefahren. Weil ich so schnell war und weil's ein glatter Durchschnitt war, konnten sie mir den Daumen wieder annähen.

An dem Abend sitz ich noch ganz benommen mit starken Schmerzen zu Hause, da steht mein Chef vor der Tür und sagt: «Mach dich fertig, ich will jetzt zur Jagd!» Da musste ich mit. Er hat zwei Rehböcke geschossen, die ich mit nur einer Hand aufbrechen musste. Weil diese Leute besonders gern die Leber essen und man die Leber von der Lunge trennen muss – dazu braucht man eigentlich zwei Hände –, hab ich einen Fuß zu Hilfe genommen. Meinst du, der wäre auf die Idee gekommen, wenigstens mal mit anzufassen?

In den nächsten Tagen musste ich noch mal mit Jagdgästen raus, und dann gab's Komplikationen, der Daumen hat stark geeitert.

Der Briksa hat mir mal ein neues Auto in Aussicht gestellt. Meine Karre löste sich langsam auf, die war total verrostet. Er hatte mir versprochen: «Wenn du mal ein neues Auto brauchst, das ist für den Minister für Handel und Versorgung ein Schnippser. Da musst du nicht achtzehn Jahre warten, du kriegst es in achtzehn Stunden.» Im Herbst kam er wieder, um seine Trophäen abzuholen. Da habe ich gewagt zu sagen: «Mein Auto ist am Ende. Ich bräuchte dringend ein neues.» Seine Antwort: «Also, mit deinem Daumen dieses Jahr hast du dir wirklich kein Auto verdient!»

Ich war an zweihundert Tagen im Jahr mit Jagdgästen unterwegs, zusätzlich an fünfunddreißig Wochenenden, an Heiligabend, Silvester und an den meisten Feiertagen. Sie kamen bei mir wirklich fast alle zum Schuss.

Heute machen die, die uns über die Jahre getriezt und gepiesackt haben, in deutsch-deutscher Verständigung. Unser oberster Jagdchef stößt jetzt mit dem ehemaligen

Chef des bayrischen Nachrichtendienstes, dem jetzigen Vorsitzenden des Deutschen Jagdschutzverbandes, auf deutsch-deutsche Ewigkeit an. Derselbe, der die Gesetze mit ausarbeitete, nach denen wir Waffenträger unsere Jagdwaffen abgeben mussten, wenn in der Nachbarschaft auch nur ein Westwagen gesichtet worden war.

Mein ehemaliger Chef ist immer noch amtierender Jagd-leiter der Bezirksjagd und Ratsvorsitzender, so, als wäre nichts gewesen. Jetzt kommen die dicken Schlitten aus dem Westen und sondieren. Da pirschen sich welche ran, neh-men Witterung auf und setzen erste Duftmarken...

Günter Grass

Willy Brandt
Etwas Unglaubliches geschieht

Lieber Hartmut von Hentig,
Ja, es stimmt, ich war dabei, als Willy Brandt dort, wo einst das Warschauer Ghetto gewesen ist, auf die Knie ging. Aber was heißt das: Ich war dabei? Was erlebt man, in der Menge stehend, abgedrängt von Sicherheitsbeamten, vermeintlich dem Protokollverlauf folgend? An jenem Dezembertag des Jahres 1970 geschah etwas außerhalb der zeremoniellen Riten. Plötzlich wurde ein Bild gesetzt. Ein Deutscher, ein Politiker und Sozialdemokrat kniete nieder. Handelte er allein für sich? Hatte der Emigrant Willy Brandt Gründe, stellvertretend zu handeln? War er sich der Dimension seines Handelns bewusst?

Der miterlebte Augenblick ist in Kürze zu beschreiben. Ich erinnere mich an ein kurzes Erschrecken, an die Wahrnehmung: etwas Unglaubliches geschieht. Dann herrschte nur noch das Klicken der Kameras; die Welt nahm Notiz, und mein folgender Gedanke verlief bereits in ängstlichen Bahnen. Wie wird man in Deutschland des Kanzlers Geste verstehen? Ist nicht zu befürchten, dass sich die Meute seiner politischen Feinde, die Springer-Presse voran, abermals auf ihn stürzen wird? Ängste, die ihren Nährboden hatten; war doch die Haltung dieses Mannes, der den Rückfall der Deutschen in die Barbarei von Jugend an bekämpft hatte, der Anlass für seit Jahren anhaltende Verleumdungen gewesen.

Um meine damaligen Befürchtungen zu verstehen, muss ich mir weitere Erfahrungen wachrufen. Willy Brandts Reise nach Warschau war Teil der von ihm gewollten und gestalteten Entspannungspolitik; im Jahr zuvor hatten ihm dazu die Wähler den Auftrag erteilt. Aus politischer Einsicht bewies er den Mut, das ideologische Grabensystem des Kalten Krieges zu unterlaufen. Er nahm die Folgen des von den Deutschen begonnenen und verlorenen Kriegs auf sich und handelte aus Verantwortung. Die Reise nach Warschau bedeutete ja nicht nur – was viel war – die Anerkennung der Oder-Neiße-Linie als östliche Grenze Deutschlands, vielmehr galt Warschau als der Ort, von dem aus der von uns Deutschen zu verantwortende Völkermord an den Juden seinen Ausgang genommen hatte. Eine solch beschwerliche Reise war von Anbeginn umstritten.

Deshalb muss an den Hass erinnert werden, der damals von den politischen Gegnern bewusst geschürt und wenn nicht direkt gegen den Bundeskanzler, dann stellvertretend gegen Egon Bahr, einen seiner engsten Mitarbeiter, gerichtet war. Und schon befinden wir uns in der Gegenwart, denn, genau gewichtet, sind die jüngsten Versuche, nun – nach Willy Brandts Tod – seinen vertrauten Freund zu Fall zu bringen, nur die Fortsetzung der damals gescheiterten Anstrengungen. Abermals gibt Egon Bahr die Zielscheibe ab, aber getroffen werden soll nach wie vor Willy Brandt und dessen Andenken; denunziert wird abermals eine Haltung, als deren Konsequenz der Warschauer Kniefall zu begreifen ist.

Sie sehen, lieber Hartmut von Hentig, wie schwer dieser Augenblick deutscher Geschichte auf das bloße und äußere Geschehen zu begrenzen ist. Wenige Stunden später sprach ich mit polnischen Freunden, die die so augenfällige Tat des Bundeskanzlers aus ihrer Sicht und Erfahrung in erweiterten Dimensionen zu verstehen versuchten. Bisher stand für sie das polnische Leid im Vordergrund. Nun aber wurden (von Brandt gewiss unbeabsichtigt) polnische Versäumnisse und Tabuisierungen deutlich, die sich noch kürzlich bei den Gedenkfeiern in Auschwitz zeigten, als es dem polnischen Staatspräsidenten schwerfiel, die angemessene Haltung zu finden.

Und weiter ist mir erinnerlich: Wenige Tage nach der Unterzeichnung der ersten deutsch-polnischen Verträge begann in den polnischen Hafenstädten der Streik der Werftarbeiter. In Gdańsk – dem einstigen Danzig – schoss die Miliz auf Arbeiter; es gab Tote. Zugleich gab es erste Anzeichen freier gewerkschaftlicher Organisation. Sie signalisierten das Entstehen der Arbeiterbewegung Solidarność. Das Gefüge des sowjetischen Machtsystems zeigte erste Risse. Eine Entwicklung zeichnete sich ab, die, mitbewirkt durch Willy Brandts Entspannungspolitik, das Ende der Ost-West-Konfrontation herbeigeführt hat.

Ja, ich bin dabeigewesen. Abgedrängt sah ich im Ausschnitt den knieenden Kanzler: ein wortloses Geschehen, das alles sagte. Und jetzt, da ich Ihnen schreibe, erlebe ich abermals jenen Schock, der meine ängstlichen Sorgen herbeigerufen hat. Sorgen, die geblieben sind, denn noch immer oder schon wieder erregt Willy Brandts Kniefall Anstoß.

Freundlich grüßt Sie Ihr G. G.

Hartmut von Hentig

Marx und Engels
Da ist etwas schiefgegangen

Februar 1988. Wir standen in der Eingangshalle der Humboldt Universität vor dem breiten Treppenaufgang.

Ich betrachtete die berühmte Inschrift: «Die Philosophen haben die Welt nur verschieden interpretiert. Es kommt darauf an, sie zu verändern. Karl Marx.» und versuchte, mich zu erinnern: Die wievielte These über Feuerbach ist dies?

Klaus betrachtete mich: «Du scheinst Probleme damit zu haben.» «Keine Probleme. Fragen schon ...»

Wir sind beide Altphilologen, was uns eher trennt: Er ist voller «Sklavenhaltergesellschaft», «Feudalismus» und «Produktivkräfte», ich voller «sokratischer Dialektik», «Antigone» und «Hermes». Was uns verbindet: Neugier, Sympathie, ein gemeinsamer Lehrer vor langer Zeit. Klaus ist deutlich der bessere Lateiner; im Griechischen kann er gelegentlich von mir lernen.

«Wenn Du Fragen hast, gehe am besten zum Autor!» «Ha ha!» «Du weißt, ich kann sie dir jetzt wirklich nicht beantworten. Ich muss vor dreizehn Uhr in der StaBi sein, sonst ist der Welskopf-Band wieder weg!» Beschwichtigend fügte er hinzu: «Treffen wir uns doch bei Emmee! Du weißt ja, wo die stehen.» Ich war einverstanden – und ein wenig stolz, dass ich als eingefleischter Westler gleich wusste, dass Emmee die phonetische Verschmelzung von M.&E., Marx-und-Engels war. Das vor zwei Jahren für die beiden errichtete Denkmal wollte ich mir sowieso einmal ansehen.

Das ist nun also ein richtiger Treffpunkt, dachte ich im

Gehen, wie «Unterm Schwanz» in Hannover und «Beim Gänseliesel» in Göttingen. Etwas seltsam, wenn man sich unterhalten will. Im Winter jedenfalls. Aber originell. Und es kommt meinem Bedürfnis nach Bewegung entgegen.

Über diesen Gedanken habe ich die Universität schon verlassen – zwischen den Brüdern Humboldt hindurch –, bin an Schlüters Zeughaus vorbei, in dem eine Sonderausstellung zum 175. Todesjahr von Karl Marx angekündigt ist, über die Marx-Engels-Brücke von Schinkel hinweg auf dem Marx-Engels-Platz angelangt und strebe – mit flüchtigem bis feindlichem Blick auf den in der Sonne blendenden Palast der Republik – dem Marx-Engels-Forum zu. Durch die winterkahlen Bäume schimmern die athletischen Bronzerücken der Erzväter des Kommunismus, auf denen jetzt das warme Mittagslicht liegt. Ich verlangsame meinen gewohnten Schnellschritt, erkenne mit Wohlgefallen die gezügelte Monumentalität des Denkmals – die Gestalten haben kaum mehr als das doppelte Menschenmaß –, die einfache Anordnung – einer steht, einer sitzt, beide in gleicher Richtung –, die Ruhe – es fehlt jegliche Bolschoi-Dramatik –, die sorgfältige und zugleich großzügige Behandlung des Materials – die Nähte sind angedeutet, auf Stoffmaserung und (nun stehe ich schon davor) auf Knöpfe oder Schnürsenkel hat der Bildhauer Ludwig Engelhardt verzichtet. Von hinten gab es noch eine kleine Unsicherheit; von vorn ist es ganz klar: Marx, der um zwei Jahre ältere, darf sitzen. Engels muss für alle Zeiten neben ihm stehen, darf sich nie herabbeugen wie Wilhelm Weber zu Karl Friedrich Gauß in Göttingen und um Ablösung bitten. Die nach hinten gestrichene Mähne lässt Marx' Kopf breiter erscheinen; Engels' Haar fällt gescheitelt seitlich herab. Aber sonst gleichen sie einander wie Brüder. Die Stirn-Nasen-Linie verläuft ganz parallel; Schnauz- und Kinn-Backen-Bart haben den gleichen Schnitt; ihre Körper sind gleich massig; sie tragen zudem den gleichen gutbürgerlichen, freilich nicht zugeknöpften Mantel (nichts da mit «Sacco und Fracketti», wie die Berliner höhnen; mein Vater hätte diesen ins Zeitlose stilisierten Gehrock einen «Paletot» genannt), eine hochgeschlossene Weste (oder Jacke, man sieht es nicht) und ein proletarisch offenes Hemd (was der Herr Redakteur und der Herr Fabrikant sich nicht einmal in der eigenen Wohnung gestattet hätten).

Ernst sehen sie aus. Vielleicht ist's unterdrückte Ahnung: Engels wird mit 49 Jahren sterben. Da dieser Marx hier etwa 50 Jahre alt ist, steht Engels' Tod unmittelbar bevor.

Ihr Blick geht über uns hinweg. Worauf? Ich drehe mich unwillkürlich um: Auf den Neptun, der ihnen in seinem Brunnen, «ewig berauscht», die kalte Schulter zeigt, und die vier bronzenen Damen – Rhein, Elbe, Oder und Weichsel –, die zum Vergnügen der redefreudigen Bevölkerung den ganzen Tag «den Rand halten müssen»? Nein, zu wilhelminisch, zuviel täuschender Überbau, zu üppig. Auf den Fernsehturm, das höchste Gebäude Deutschlands, das sich aus einer riesigen gefalteten Beton-Serviette erhebt? Nein, zu sehr Sinnbild einer nicht vorgesehenen «neuen Klasse», zuviel Entfremdung, zu abstrakt. Auf die vier Edelstahl-Stelen, auf die in einem neuartigen Verfahren Fotos aus der Geschichte der Arbeiterbewegung in aller Welt eingeätzt sind? Nein, sie sind so plaziert, dass der Blick der beiden sie nicht trifft. Karl Marx und Friedrich Engels blicken erwartungsvoll in den Osten; sie blicken ungerührt von dem, was sie sehen; sie blicken, wie sie es in ihrem Leben getan haben, «voraus». Das entrückt sie uns.

Solchen Wahrnehmungen zum Trotz scheint das Denkmal jeder Symbolik abhold zu sein. Eine Aussage, gar eine dialektische, stellt sich ungewollt ein: Engels' rechter Schuh, Marx' Knie und die darauf ruhenden Hände sind blankgeputzt von den vielen Touristen, die sich darauf setzen oder dazwischenklemmen, um sich fotografieren zu lassen. Eben eilt unter lebhaftem Gezwitscher eine Gruppe von Japanern herbei – etwa zwanzig, junge und alte, und alle wollen nacheinander in Marx' Schoß verewigt sein.

Ich trete zurück. Ein Blick auf die Uhr. Zu blöd, dass wir keine Zeit vereinbart haben! Aber Klaus weiß ja, wie kalt es ist und dass man hier nirgends Zuflucht findet – es gibt kein Café, keinen Kiosk, nur geometrische Anlagen. Ich wende mich also den Stelen zu. Die Fotos sind klein, sehr deutlich und in der Tat unverwundbar. Bei uns hätte sicher schon irgendein Idiot seine Graffiti darübergesprüht. Mir hilft das freilich nicht: Die allermeisten der wiedergegebenen Ereignisse und Personen sind mir unbekannt. Einmal erkenne ich Lenin – er grüßt freundlich mit der Hand an der Mütze. Rosa Luxemburg, Thälmann, Ulbricht, Honecker in einem VEB – dafür reichen meine Bilderinnerungen gerade noch. Deutsche Teilung also auch hier: Es wird vorausgesetzt, dass der Betrachter diese Szenen schon oft gesehen hat, sie nicht mühsam entziffern oder unverstanden übergehen muss wie ich. Da sind Frauen in der Schulbank, Kinder beim «Streichen» von Lehmziegeln, ein gravitätisches «Comité der Ausgesperrten der Firma M & N, 1906», Steinewerfer, eine Polizeiaktion, eine magere kleine Vietnamesin neben einem gewaltigen Amerikaner, «bolschewistische brüderliche Verbundenheit» von russischen und Berliner Jugendlichen, Elend und nochmals Elend in aller Welt.

Ist diese Welt vorangekommen in den eineinhalb Jahrhunderten, seit sie die scharfe Analyse, die große Hoffnung, die harten Drohungen des Kommunistischen Manifests vernommen hat? Damals haben die beiden Bronzemänner aus philosophischem Unbehagen und gesellschaftlichem Unfrieden so etwas wie Entscheidungsklarheit gemacht – mit vorherrschendem K: Krise und Klassenkampf, Kapitalismus und Kommunismus kriegen klare Konturen. Profit ist eine «Systemnotwendigkeit», ist fortan nicht mehr Ausdruck von persönlicher Habgier wie in den Urmythen von Midas bis Fafnir. So wenig wie Herrschaft und Herrschsucht – die moderne Gesellschaft ist selbst antagonistisch. Die Verhältnisse überwältigen die Einsicht und den moralischen Willen des einzelnen. Darum muss man die Verhältnisse ändern. Dass die Menschen es nicht tun, liegt daran, dass sie es nicht wollen. Dass sie es nicht wollen, liegt daran, dass sie sich die Abhängigkeiten, die Ungerechtigkeiten, die Verelendung durch Mystifikationen, falsche Vertröstungen, falsche Geschichtsdeutungen verschleiern: Sie haben ein falsches, jedenfalls ein unaufgeklärtes Bewusstsein.

Könnte man dies heute nicht alles wieder genauso sagen? Müsste man es nicht? Wären wir jetzt vielleicht reif für die Einsicht, dass wir Aggregate von Dingen, Systeme von Mitteln, kollektive Abläufe hervorgebracht haben, die uns beherrschen, statt wir sie? Wäre es nicht Zeit für die Einsicht, dass Religion in der Tat nicht «das Opium des Volkes» sein darf, sondern das, was im Menschen die Frage nach dem Sinn wachhält, und dass sie, wenn sie es nicht tut, streng kritisiert und als Obfuskation gemieden werden sollte? – Dass der von Hegel ausgemachte «Weltgeist» durch uns hindurchgehe, dass in diesem Prozess aus widersprüchlicher Wirklichkeit Wahrheit werde – auch ohne Revolution, deren Subjekte oder Täter wir sein können –, diese Geschichts-Religion hat wohl längst ausgespielt. Schon ein Jahrzehnt nach Hegels Tod konnte Marx nicht mehr glauben, dass die Geschichte notwendig so verlaufen muss, wie sie verläuft, damit der Sinn zu sich selbst komme, und verwarf die Behauptung, dass Vernunft immer nur in dem Maß zu verwirklichen ist, wie die Ge-

schichte es erlaubt oder erfordert. Darum musste Hegel
«vom Kopf auf die Füße» gestellt werden: Wir müssen den
Prozess der Geschichte in die Hand nehmen.

Das ist der Satz! Er reißt mich aus meinen philosophischen Tagträumen. Ich blicke wieder auf die Uhr. Die Kälte
dringt durch meine Lodenjacke. Die Gedanken wärmen
nicht. – Wenn Klaus nur ein Buch abholen wollte, dann darf
das keine vierzig Minuten dauern. Da ist etwas schief-
gegangen. Ich beschließe zur Universität zurückzukehren
zur elften (nun weiß ich es wieder!) Feuerbach-These. Damit habe ich die Welt nicht verändert, aber meine Situation. Und irgendwie hilft der Weltgeist mit: Klaus kommt
mir die große Treppe herab entgegen. «Wo warst du nur?»
fragen wir beide gleichzeitig und antworten im Gleich-
klang: «Bei Emmee!» «Wooo?» Klaus zeigt über die
Schulter zur Staatsbibliothek: «Da, wo sie immer stehen!» «Oh, und ich, wo sie nun auch stehen, auf dem
Marx-Engels-Forum.» «Ihr Materialisten!», lacht Klaus:
«Ich meinte die dreiundvierzig Bände der M & E Ausgabe
des Marx-Engels-Lenin-Instituts – falls du schon mal was
davon gehört hast –, und du gehst zu den Kolossen aus
Erz!»

Walter Jens

Dichter
«Hier wurde der Studiosus Hölderlin loziert»

Tübingen, ein Tag im Januar 1962; noch herrscht der kalte Krieg, von Tauwetter ist wenig zu spüren. In Tübingen freilich, einer weltläufigen Provinzstadt im Schwäbischen, deren gelehrte Söhne schon im achtzehnten Jahrhundert gern ihre Polis verließen, um in St. Petersburg akademische Würden zu gewinnen – in Tübingen gehen die Uhren anders. Ein russischer Dichter wird erwartet, der Lyriker Jewgenij Jewtuschenko – und in der Universität spielen sich Szenen ab, wie sie's davor (und auch danach) niemals gegeben hat. Der Festsaal, im allgemeinen nur für Konzerte oder akademische Festivitäten bestimmt, ist schon eine Stunde vor Lesungsbeginn überfüllt, bald darauf auch das Auditorium Maximum, später der Hörsaal 9. Leitungen müssen überprüft, Verwaltungsvorschriften geändert, Sondergenehmigungen erteilt werden – gottlob, dass ein ebenso souveräner wie liberaler Mann, der Politologe Theodor Eschenburg, als Magnifizenz die Funktion des Hausherrn hat, an diesem Abend, der mit *standing ovations* endet: Jewtuschenko geht am Schluss von Raum zu Raum, liest ein Gedicht, das übersetzt wird, aber erstaunlich viele Hörer verstehen Russisch, Absolventen von DDR-Gymnasien offensichtlich, beklatschen jede Pointe – ein Wirbel von Hörsaal zu Hörsaal!

Am Morgen darauf wird der Poet aus der Sowjetunion, der berühmte Sänger, der weit vor der Zeit mit seinen Gedichten, Babi Jar allen voran, Perestroika leistete, durchs Tübinger Stift geführt: «Hier hat Schelling gearbeitet», «hier ist Hegel, ‹der Alte›, wie man ihn nannte, zum

Kampf gegen die Stadtburschen angetreten, die er, so ein Zeugnis der Zeit, mit dem Tode bedrohte›», und «hier wurde der Studiosus Hölderlin» – Jewtuschenko, der ein bisschen ins Dösen geraten war, merkt plötzlich auf – «wurde der Studiosus Hölderlin, seinen Leistungen entsprechend, *loziert.*»

Hölderlin, der Name ist gefallen – von nun an will Jewgenij Jewtuschenko nichts mehr von Hegel wissen. «Hört doch endlich auf mit Karl Marx!» Schelling bedeutet ihm ohnehin nichts. Aber Hölderlin, das ist sein Mann, der gehört zu Pasternak und der russischen Avantgarde; Hölderlin, das ist Mythos und Realität: Wo sein Haus sei und wo, vor allem, sein Grab? Wir gehen, in kleinem Gefolge, über den Friedhof, auf dem Ludwig und Emilie Uhland die Vorbeigehenden grüßen. Blumen werden niedergelegt, zu Füßen der Stele; die Inschrift «Dem Andenken seines theuren Bruders», ein wenig vermoost schon, ist zu entziffern; Verse wollen übersetzt werden:

Im heiligsten der Stürme falle
zusammen meine Kerkerwand
und herrlicher und freier walle
mein Geist ins unbekannte Land.

Jewtuschenko schweigt und verneigt sich. Sein Gesicht zeigt: Hier bin ich zuhause. Was zählen die Jubelstürme am Abend, was Hegel und Schelling und Kepler *e tutti quanti*. Jewgenij Jewtuschenko, der gewohnt ist, vor Tausenden von Menschen auf riesigen Plätzen zu sprechen («Wissen Sie nicht, dass solche Auftritte in Moskau und in Leningrad seit den Tagen der Meister eine Selbstverständlichkeit sind? Poesie gehört auf den Markt, das Volk braucht die Verse der Dichter»), Jewtuschenko ist um Hölderlins willen nach Deutschland gekommen.

Mehr als ein Vierteljahrhundert später, am 8. Mai 1988,

haben wir, wiederum auf dem Tübinger Friedhof, unseren Gästen Tschingis Aitmatov, Robert Jungk, Christa und Gerhard Wolf von Jewtuschenko erzählt, an einem hellen Vormittag, als Inge Jens die Geschichte des Gottesackers lebendig machte: Die Toten waren Gelehrte, Sänger, Dichter, Politiker, Bürger, mitten unter uns – da, Friedrich Silcher! Da, Carlo Schmid!

Hölderlins Grab war, wie immer, mit Blumen geschmückt: ein *locus amoenus*, vor dem wir lange verweilten, der aber diesmal nicht unseren Rundgang bestimmte. Ziel war vielmehr ein winziges Loch im Rasen, in das der Universitätsgärtner Bialas, ein couragierter und sehr sanfter Rebell, die Friedenslinde pflanzte – und dann nahmen alle die Schaufel, nacheinander, verwandelten das Beerdigungs-Ritual in eine Friedens-Feier auf Hölderlins Weise: Jetzt sind Sie an der Reihe, Aitmatov, jetzt Sie, Christa Wolf – drei Schäufelchen Erde, dem Leben zunutze, so soll es sein, voll Hoffnung und im Gedenken an jene Ermordeten, Russen und Deutsche, Christen und Juden, Vergaste und Erschlagene, die in Lagern und Anstalten, irgendwo im Schwäbischen, im Unterland und auf der Alb, niedergemacht worden sind. Viele von ihnen wurden nach ihrem Tod in der Anatomie der Universität Tübingen mit Pedanterie und Zynismus seziert. Eine Tafel, die – ach, so spät! – nahe bei der Friedenslinde aufgestellt wurde, erinnert an sie: «Verschleppt, geknechtet, geschunden, Opfer der Willkür oder verblendeten Rechts, fanden Menschen Ruhe erst hier. Von ihren Leibern noch forderte Nutzen eine Wissenschaft, die Recht und Würde des Menschen nicht achtete. Mahnung sei dieser Stein den Lebenden.»

An einem Sommertag des Jahres 1990 wurde die Tafel geweiht; Professoren, Geistliche, Gewerkschafter gaben Menschen die Ehre, deren Leber, Hoden und Nieren wichtig gewesen sind in den Jahren des Genozids – zu welchen

Namen sie gehörten, war ohne Belang. Jedes Mal, wenn ich über den Friedhof gehe, suche ich mir einige einzuprägen und mir vorzustellen, wie sie ausgesehen haben, die Kinder, Männer, Frauen, alte Leute, die die Namen trugen: Woran haben sie gedacht in der Stunde des Todes, zu welchem Gott gebetet, worauf gehofft, um wen geweint?

Jewgenij Jewtuschenko und Fritz Hölderlin; Tschingis Aitmatov und die Schäufelchen Erde, aufeinandergehäuft im Zeichen des Friedens, und die Unbekannten, deren Leiden und Träume bewahrt werden wollen. Auf einem Friedhof in der schwäbischen Provinz wird, dank einiger winziger Signale aus Stein, Holz und Gras, die sinnfällig zwischen Gestern und Morgen vermitteln, deutsche Geschichte aufgehoben: Der tote Dichter und die Blumen aus Russland, die Friedenslinde – nie mehr Krieg –, Christa, Robert und Tschingis, und jene Namen aus verstaubten Akten, die, aneinandergereiht, Hölderlins Satz akzentuieren:

Falle zusammen meine Kerkerwand!

Adolf Muschg

Umsiedler
Philadelphia, Mark Brandenburg

Ich glaube nicht, dass ich mehr als einen Wegweiser gesehen habe, als wir zwei Jahre nach dem Fall der Mauer, also noch verwundert, doch nicht mehr behindert – von der Autobahnabzweigung Storkow (oder Markgrafpieske?) nach Süden abbogen, um durch den Märkischen Wald Cottbus anzusteuern, zur Präsentation eines Buches ; und zu Fürst Pücklers Park. Da muss der Hinweis schon bald aufgetaucht sein : PHILADELPHIA. Jedenfalls habe ich meinen Begleiter, den Verleger, gefragt : eine Herrnhutische Siedlung? Er, Sachse, wusste es nicht. Der fromme Name vermochte uns nicht vom Weg abzulenken. Erst als ich ihn, in die Schweiz zurückgekehrt und mit dem Entwurf einer deutsch-deutschen Rede beschäftigt, auf der Landkarte wiederfand, zündete er und musste ich's plötzlich wissen : woher, Philadelphia?

Eigentlich war es das kleiner gedruckte «Boston», das mich ins Träumen brachte : damit war die biblische Assoziation endgültig zugunsten der amerikanischen ausgeräumt. Namen aus der Neuen Welt in diesem platten Land, das nur dank regelmäßiger Kanäle kein Sumpf war; Wiesen und weitläufige Weiden, kompakte Waldkulissen, spärliche Besiedelung : ich hatte sie im Gedächtnis, die einstöckigen Häuser, die zwischen roten Ziegeln unscheinbares Fachwerk vorwiesen. Hie und da war ein Eingang zum klassizistischen Portal aufgehöht, unterstrich die Bescheidenheit eher, als sie zu stören : so ähnlich musste es in Philadelphia aussehen, etwas dünn für ein märkisches Pennsylvanien. Dicht stand hier nur die alte DDR-Melancholie, das Ende-der-Welt-ohne-Ende-der-Langeweile-Gefühl. Wer hatte ein märkisches Nest mit seinem großen Namen beschwert?

Plötzlich begann der Ort, den ich nie gesehen habe, im Licht eines möglichen Romans zu vibrieren, wurde zum Ausgangspunkt einer trotzigen Fiktion, in ihrer Absurdität politisch wohlgezielt: Warum sollte ein Autor (wenn nicht in Storkow, so doch in Leipzig oder am Prenzlauer Berg) den Ort mit dem opulenten Namen nicht früher entdeckt haben als ich? Und wie konnte er, wenn er in der damals noch immerwährenden DDR schrieb, *nicht* darauf kommen, dass hier die Gelegenheit zu einer Realsatire ersten Ranges am Wege lag? nur auf eine hinlänglich zweispitzige Feder wartete, um die Form einer exakt verkehrten Welt anzunehmen? Kein gewöhnlicher DDR-Sterblicher hatte ja doch jemals die Chance, das fabelhafte Philadelphia in Übersee kennenzulernen, (die Freiheitsglocke, die *Independence Hall*). Um so mehr aber ließ sich die historische *Declaration* gegen die eigenen Verhältnisse anwenden.

Von «Alle Menschen sind von Natur aus in gleicher Weise frei und unabhängig und besitzen bestimmte angeborene Rechte» bis zum «Genuss des Lebens» und, vor allem, zum *«pursuit of happiness»*. Nicht einmal die Zensur hätte meinen Autor hindern dürfen, dieses «Philadelphia» und «Boston» der DDR als Kontrapunkt einzuschwärzen, für Phantasien freizumachen, die ihre Realitätsbehauptung zur Kenntlichkeit entstellten. Platzen musste er, wie ein brüchiges Korsett, am großen Atem eines Zauberworts! Das märkische Philadelphia krümelte vor dem transatlantischen, wie Bitterfeld vor New Orleans, wie Karl-Marx-Stadt vor Hollywood... Moment! Und wenn der parteifromme Biedersinn diesen Schuh umkehrte? Wo blieben denn die sozialen Errungenschaften in *God's Own Country*, wo die Kindertagestätten, der Schwangerschaftsurlaub, das Muttergeld, die Arbeitsplatzgarantie, die Sättigungsbeilage…? «Amerika, du hast es besser» – wo bitte? Ob jemand glaube, dass Hoyerswerda mit Detroit tauschen würde? Philadelphia, PA, brannte, und Philadelphia, Kreis Storkow strahlte in seinem Kirchhoffrieden – so also ging es nicht.

Aber so vielleicht: Mein DDR-Autor, Fachmann in doppelten Böden, brauchte ja nur die *wahre* Geschichte des märkischen Philadelphia nachzuerzählen. Und lauten musste sie wie folgt: Ein Häufchen Untertanen des sogenannten großen Königs, seiner Kriege müde, von ihrem sumpf- und salzgesättigten Boden nicht unterhalten, ersuchen Seine Majestät submissest um Entlassung. Wohin? Nach Amerika, halten zu Gnaden. – Sollte das auch schon im 18. Jahrhundert ganz unmöglich gewesen sein? War die Kralle des Alten Fritz nicht bekannt für das Setzen heiterer Tupfer? Könnte das nicht eine der Anekdoten gewesen sein, mit denen er bei seinem Voltaire reüssieren konnte? *Père de la Prusse sans enfants, mais généreux?* Was mussten die Kätner aus den Luchwiesen tun, um freie Farmer in Pennsylvanien zu werden? Ein zungenfertiger, auch der klassischen Schriften kundiger Fürsprecher konnte ihrem Gesuch nicht schaden. Gesucht war etwa ein Poet aus der Mark, dieser tiefdeutschen Streusandbüchse, ein Moses, der seinem Pharao den Auszug schmackhaft zu machen wusste, ein unwiderstehliches Kompliment an die boshafte Humanität des Landesherrn daraus drehte… Jude durfte er nicht sein. Ein Pastorensohn? Oder müssen wir ihn, für besseres Gehör, zwar in den Adelsstand erheben, in diesem aber gleich wieder heruntergekommen sein lassen: ein Original, das den König rührt, ohne ihn zu reizen? Nennen wir ihn von Itzenplitz, gönnen wir ihm den Witz, den ein Namenloser schuldig bleiben müsste, auch französisch muss er ja reden, will er sich zu Sanssouci zeigen. Also, Itzenplitz, bück Er sich nicht gleich, stell Er sich an die Spitze Seiner Bauern, trag Er vor, Sein Vortrag muss gefallen!

Er gefiel; Friedrich setzte noch einen drauf. Es behage ihm also nicht mehr in seinem Preußen? Man bemühe sich, das Votum gegen Seine Majestät nicht als Beleidigung, sondern in höherem Licht zu betrachten. Sie wollten also Republikaner heißen, die braven Kerls von – woher? Hammelstall? Stutgarten? Und ihre Weiber auch. Eine Sonnenblume ins Haar – und auf in die Neue Welt! Das könnte Ihm, Seiner Majestät, auch gefallen. Leider fessle Ihn die Pflicht – vielleicht habe man das Wort in Schafbrükken? Poggenpuhl? auch schon gehört. Andererseits wisse Man, selbst Republikaner im Geist, nicht, wie Man auf Landeskinder so ähnlicher Sinnesart verzichten sollte. Die Reise nach Amerika sei lang und lebensgefährlich. Da wisse Man ihnen etwas Klügeres. Wo wollte Er denn hin, Itzenplitz? Philadelphia? Da soll er auch hin, und seine Schäfchen mitnehmen, mitsamt den Böcklein. Auf, heim gen Philadelphia! Denn so heiße Hammelstall von dieser Stund. Ein Name so hochgesinnter Landeskinder würdig. Er führe sie jetzt noch ein wenig durch seinen Weinberg, und unterdessen verfertige der Sekretär das Dekret, die Gründungsurkunde einer Neuen Welt: Hammelstall werde Philadelphia. Wieviele Häupter zählten sie denn, beziehungsweise Seelen? Zehn. Dann hätten sie ja allen Grund, fruchtbar zu werden und sich zu mehren. So stehe es in der Bibel, die sie ja hoffentlich immer noch läsen. Und nach der Bibel heiße auch das andere Philadelphia. Sorg Er dafür, Itzenplitz, dass man in hundert Jahren nur noch von Seinem Philadelphia redet! Weiß Er auch, was es zu bedeuten hat? Bruderliebe, Itzenplitz. Ist griechisch. Also lieb Er Seine Brüder, aber mit Maß. Und was die Schwestern betrifft, da sei er auf der Hut und lasse sich nicht erwischen. Artige Trauben, nur zu sauer. Und da ist er ja schon, Euer Rezess. *A la bonne heure!* Jeder wieder an seinen Pflug: die Republikaner nach Philadelphia, Monarch ins Kabinett und zu seiner Pflicht!

Da sind sie entlassen, die armen Leute, und Der von Itzenplitz muss ihnen zeigen, wie man zum Unglück passend schmunzelt, die gute Miene zum Spiel Seiner Majestät festhält, jedenfalls bis hinter die Tür. Die ist rückwärts buckelnd zu durchschreiten, wenn man sie endlich gefunden hat; und der Herr Lakai sorgt eine gute Weile dafür, dass man hinter geknicktem Rücken die Wände schon nahezu verzweifelt nach der rettenden Falle abtasten muss. Der Abgang des begnadigten Untertans. Mit dem Bürgerbrief seiner Schande in der Hand. Für den Spott wird man nicht zu sorgen brauchen. Schon in Stutgarten, im Gut Derer von Plotho – wie gedachte man eigentlich seiner Gutsherrschaft nach Amerika zu entrinnen, Itzenplitz?! – wird man Philadelphia «unaussprechlich» nennen und nun erst recht bei «Hammelstall» bleiben... Seiner königlichen Majestät in die Zähne; man kann sich ja vorstellen, wie er sie bei diesem Hauptspaß gebleckt hat. Seine menschlichste Art, Zähne zu zeigen.

Das Ganze: eine Stücklein mehr vom Alten Fritz, demjenigen von den neunundneunzig Schafsköpfen nicht unwürdig, die er einem einfältigen Bittsteller an sein Haus nageln ließ, damit es gerade hundert würden, wenn dieser seinen eigenen Kopf herausstreckte.

Den letzten Teil dieser Anekdote habe ich vom Lehrer Willy Schälicke, der die Gründungsgeschichte seines Philadelphia etwas anders weiß. Gleich bleibt sich immerhin der königliche Taufpate. Nur schreibt dieser jetzt an den Rand der Bittschrift – auch die gibt es, aber ohne den Fürsprech Itzenplitz – «in großen Zügen» höchstselbst:

«Sie heißt Philadelphia».

Andere als *große* Züge des Großen Königs empfahlen sich für Lehrer Schälicke nicht zur Überlieferung. Denn auch seine Zeit, 1935, war groß. Zu Philadelphia hatte gerade ein zweiter Kolonisationsschub eingesetzt. Das Gut Stutgarten, (derer von Plotho) mit dem sechseckigen Treppenturm und der Zwiebelkuppel wurde zu Philadelphia geschlagen. Von «Hammelstall» ist (außer bei bösen Zungen in Storkow) keine Rede mehr. Einstweilen schafft sich das Volk ohne Raum solchen in den Luchwiesen, bevor es für mehr davon in die unerschöpflichen Weiten Russlands ausschweifen muss. Dafür wird Größe in jeder Preislage gebraucht, und auf dem Rückzug von der teuersten, wo man nur noch auf das Wunder des Alten Fritz warten kann. Lehrer Schälicke, nebenbei verdienter Heimatforscher, entwarf 1935 auch Philadelphia mit den «großen Zügen» der königlichen Gichthand. Und als Amerika Kriegsgegner wurde, und nicht einmal Roosevelts Tod das friderizianische Wunder erneuerte, war das pennsylvanische Philadelphia wieder Lichtjahre entfernt. Das märkische aber wurde russisch befreit, musste lernen, sich vom Kriegsschutt zu ernähren, der in seinen Wäldern liegengeblieben war, und entwickelte sich – auferstanden aus Ruinen! – in den nächsten vierzig Jahren zum DDR-weiten Hersteller von Paletten, genoss auch als MAS (=Maschinen-Ausleih-Station) eines guten sozialistischen Rufes.

Diese vierzig Jahre sind für Philadelphia nun auch vorbei. Aber der Name ist noch da.

Wer von Philadelphia (neues Bundesland Brandenburg) nach Philadelphia reisen will, braucht jetzt keine königliche Erlaubnis mehr dazu, nicht einmal einen DDR-Reisepass. Nur eine Traumreise bei ALDI muss er gewinnen. Und Foto-PORST wird auch die Bilder der Wolkenkratzer naturgetreu entwickeln, die der neue Weltbürger nach

Hause bringt. Es ist erreicht: Die Landschaften blühen, und Philadelphias Pointe verweht.

Gibt es eine wahre Geschichte zu seinem Namen, und will sie jetzt noch jemand wissen?

Die Wahrheit ist – ich habe sie von Reinhard Kiesewetter, 15526 Bad Salz Pieskow, der sie im «Beeskower Kreiskalender» deponiert hat –, die Wahrheit ist, dass man sie nicht kennt. Die Siedlung Philadelphia ging jedenfalls auf die Initiative der verwitweten Rittmeisterin (Anna Margarethe) von Plotho zurück, die Friedrich II. um die Erlaubnis bat, «acht ausländische Familien» auf ihrem Land ansiedeln zu dürfen. Vorerst mit Erfolg, denn am 30. Juli 1754 wies der Landesherr seinen Oberamtmann Bütow zu Storkow und den Förster Reimer zu Colpinichen an, der Dame 136 Morgen Landes und Bauholz für acht Kolonistenhäuser zur Verfügung zu stellen. Daraus errichtete sie erst einmal ein Haus für sich selbst, und zwar ohne die 97 Taler, 12 Groschen zu bezahlen, die ihr der allerhöchste Haushälter für das Holz abforderte. Worauf das Ansiedlungsprojekt vorläufig platzte. Philadelphia wurde – ohne dass Kiesewetter über die Namensgebung das geringste verlauten lässt – erst 1768 gegründet; ein Datum, das die Bewohner in Verlegenheit brachte, als sie sich 1946 anschickten, *Zweihundert Jahre Philadelphia* festlich zu begehen. Kein Luxus für Leute, die vom Schrott ihres Unglücks leben mussten! Aber leider zwanzig Jahre zu früh, wie ihnen der Lehrer – immer noch Heimatforscher Schälicke? – eröffnen musste. Man einigte sich «nach erregten Debatten und unter dem Siegel der Verschwiegenheit» auf 1772 als Gründungsjahr, um 1947 wenigstens 175 Jahre Philadelphia feiern zu dürfen. Da der Lehrer die Wahrheit diesmal für einen so guten Zweck zu biegen bereit war, will ich meinerseits die Adresse für bare Münze nehmen, die er 1935 die nach Hammelstall zugebrachten Neusiedler anno 1772 (oder wann immer) an ihren Großen König aufsetzen lässt – auch ohne die Hilfe meines Itzenplitz, vielleicht gar ohne Erlaubnis Frau von Plothos. *Dieweil wir doch alle aus guten Bauerndörfern auf Allerhöchstdero freundliche Einladung hiehergekommen, auch zumeist Söhne und Töchter recht respektabler Eltern sind, gefällt es uns nicht sonderlich, hier in der neuen Heimat sogar einfach «Hammelstaller» zu heißen und zu sein. Da auch nicht ratsam scheint, uns mit dem allhier vorhandenen Rittergut Stutgarten gar zusammenzutun, wir vielmehr lieber unsere eigene Kolonie haben und bleiben möchten, so es unserem Allergnädigsten König gefällt, so möchten wir alleruntertänigst bitten, unserer Kolonie nach Höchstdero großer Weisheit einen anderen neuen Namen zu geben, als welcher in hiesiger niedriger Gegend noch gar nicht existiert...*

Und selbst wenn wir nun auf die «großen Züge», mit denen die königliche Hand an den Rand geschrieben haben soll

«Sie heißt Philadelphia»

verzichten müssten – und damit wohl überhaupt auf eine Erklärung für den Namen, denn wenn der gewissenhafte Kiesewetter ihn dahingestellt sein lässt, wer dürfte es besser wissen? –, bleibt dennoch buchenswert: Dieses zum Lachen kleine Philadelphia verdient nicht weniger eine Kolonie zu heißen als das monströse, zum Himmel und in die Hölle ausgewachsene. Es waren wirkliche Ausländer, die hierher versetzt wurden, auch wenn dies bei der allgemeinen Nähe der Grenzpfähle im altgewordenen deutschen Reich nicht viel sagen will: arme Teufel aus dem Sächsischen oder Hessischen, die, als Objekte kleinfürstlichen Menschenhandels, immerhin danach strebten, keine ganz traurigen Subjekte zu bleiben: Philadelphia!

Etwas, immerhin, wollte man sich nicht nehmen lassen:

etwas wie Brüderschaft, wenigstens dem Namen nach. Den wählte man sich aus dem Vorrat der Menschheit, auch eine Nummer zu groß.

Wie tragen sie heute daran, die Bewohner von Philadelphia, wie steht er ihnen zu Gesicht? Da müsste man erst wissen, was für ein Gesicht die Leute, die man inzwischen ja wohl Ossis nennt, zu sich selber machen. Das wäre in einem kurzen Besuch nicht nachzuprüfen. Und doch muss ich ihn nachholen, wenn ich über Philadelphia (bei Storkow) nicht ganz fahrlässig gemutmaßt haben will!

Ist man da – mit dem Schrott der letzten zweihundert Jahre – endlich zum Schmied seines Glücks geworden? Fühlt man sich noch immer als Ausländer *in hiesiger niedriger Gegend*, oder schon wieder? Wie sähe das Beste aus, was man aus seinem großen Namen gemacht hat? Ich schlage vor: Lehrer Schälickes Nachfolger, ein glücklich gewordener Ossi – dafür brauchen wir keinen Westfachmann mit Buschzulage! – baut mit seinen Schülern ein Modell des *richtigen* Philadelphia, sponsert sich dafür ein neues Heimatmuseum zusammen und weist gleich nach der Autobahnausfahrt (Storkow/Markgrafpieske) mit einem Billboard darauf hin: *Welcome to Philadelphia – Visit the Greatest City Inside the Smallest!* Kein Gast aus Übersee, der hier nicht abböge, um den urbanistischen Alptraum einmal in einer Form zu besichtigen, die das Fassungsvermögen nicht übersteigt. Da, auf dem Dorf, sieht man die Stadt wieder so, wie sie gewesen ist und sein sollte: im menschlichen Maßstab. Das märkische Philadelphia kommt als Gastgeber des überseeischen groß heraus, das heißt: weiß seine Kleinheit als Verkaufsschlager einzusetzen. Es erlebt – nach 1772, nach 1935 – eine Kolonisation der Dritten Art: seine Umsiedlung in die Welt der Bilder. Da wird die Drehung der Erde aufgehoben, die Geschichte umgekehrt: da zeigt sich die alte Welt als die neue, die neueste. Philadelphia, PA, setzt sich keimfrei in den märkischen Sand: da brennt nichts mehr an. Da werden Schwarze so unsichtbar wie Juden und Türken. Da ist Ostwest gleichviel wie Nordsüd. Keine deutsche Frage mehr, keine deutschdeutsche, überhaupt keine Frage. Wirklichkeit, welcher der Problemsaft entzogen ist, der Stoff für Konflikte: Philadelphia. Nach der DDR-Nostalgie die amerikanische. Und, danach: alles nur noch Nostalgie. Nach uns selbst.

Wollten wir da nicht immer schon hin?

Otfried Preußler

Die Dangls
«Der Hof tragt's»

Wir leben in Bayern. Rund zwei von den insgesamt zwölf Millionen heimatvertriebenen Deutschen sind vom Schicksal nach Bayern verschlagen worden, darunter die Frau Preußler und ich. Wir stammen beide aus der alten Tuchmacherstadt Reichenberg in Böhmen, und dort wären wir aller Wahrscheinlichkeit nach geblieben, oder in Prag vielleicht, wenn nicht die Weltgeschichte es anders mit uns beschlossen hätte.

Auch wir leben also seit den frühen Nachkriegsjahren in Bayern. Hier haben wir geheiratet, hier haben wir unser gemeinsames Leben begonnen, recht kümmerlich, nebenbei bemerkt. Hier sind unsere Töchter zur Welt gekommen.

Zuerst hat's ja ein paar Schwierigkeiten gegeben, nicht nur auf dem Gebiet der verbalen Verständigung; aber ganz so schwer, wie es manchem Preußen erscheinen mag, ist es für unsereins nun doch wieder nicht gewesen, die bayerische Sprache und Mentalität verstehen zu lernen. Wir fühlen uns wohl unter diesen Menschen hier, die bisweilen ein bissl grob sind, aber von Herzen grob, die zu feiern verstehen, aber auch zuzupacken, die Freude an der Musik haben, am Theaterspielen, am Essen, am Trinken, an einem schönen Gewand, an allem kurzum, was das Leben schöner und bunter macht.

Aber da ist noch etwas. Das sag ich am besten mit einer Geschichte – der Geschichte vom Poldei und der Familie Dangl. Warum soll ich die Leut nicht beim Namen nennen. Es ist ja nichts Schlechtes, wovon ich berichten will.

Der Poldei also. Zusammen mit seinen Eltern ist er als

junger Bursch aus seinem Heimatdorf in Südböhmen verjagt worden: ein armer, geistig behinderter Mensch, gutmütig, aber halt das, was man gemeinhin einen Deppen nennt. Die Eltern vom Poldei sind dann mit ihm in Oberbayern gelandet, auf dem Bauernhof der Familie Dangl in Spieln; dort haben sie Unterkunft und Arbeit gefunden. Und wie dann die Eltern bald hintereinander weggestorben sind, da ist der Poldei alleine übrig gewesen.

Weil er schon einmal da war, haben ihn die Dangls in Spieln auch weiterhin bei sich behalten. Er hat mitgeholfen in der Landwirtschaft, soweit ihm das möglich gewesen ist, und so ist er allmählich in die Jahre gekommen. Ich hab mich ein bissl angefreundet mit ihm, weil ich mit dem Diktiergerät von Zeit zu Zeit in Spieln vorbeigekommen bin. Da haben wir dann immer eine Weile miteinander geredet, der Poldei und ich. Und manchmal hab ich ihm ein Markstückl zugesteckt, damit er sich am Sonntag im Wirtshaus eine Limo hat leisten können.

Vor ein paar Jahren ist dann der Poldei die Bodenstiege runtergefallen und hat sich einen komplizierten Oberschenkelbruch zugezogen. Da hat er ins Krankenhaus müssen, und wie ich mit der alten Frau Dangl dann einmal darauf zu sprechen gekommen bin, wie denn das mit dem Poldei weitergehen soll auf die alten Tage, da hat sie zunächst überhaupt nicht verstanden, was ich meine. Und dann hat sie gesagt: «Ja mei, der Poldei. Der Poldei bleibt da, den gebn mir nimmer weg, der Hof tragts.»

Viel hat der Poldei ja nicht mehr tun können, wie sie ihn aus dem Krankenhaus wieder entlassen haben. Etwa ein Jahr lang ist er noch umeinandergekrebst auf dem Hof, er hat nur noch ganz leichte Arbeiten verrichten können, mehr zum Zeitvertreib – und dann ist er eines Morgens im Oberbayerischen Volksblatt gestanden, der Herr Leopold Habel. Ich hab gar nicht gewusst, dass er sich so geschrieben hat. Und wenn unter dem Namen nicht gestanden hätte: «Spieln-Poldei von Spieln» und ein Dankeswort der Familie Dangl für treue Dienste, dann hätte ich überhaupt nicht gewusst, um wen sich's da handelt. Es war unerwartet und rasch gekommen mit ihm, am nächsten Dienstagnachmittag ist in Stephanskirchen das Begräbnis gewesen. Ich bin hingegangen, erstens weil ja der Poldei mein Freund gewesen ist, und zweitens weil ich mir gedacht habe, dass ohnehin nicht viele Leute da sein werden.

Aber wir leben in Bayern. Und der junge Dangl hat dem Poldei ein Begräbnis ausgerichtet, wie wenn tatsächlich ein naher Angehöriger der Familie verstorben wäre. Die Bauern aus dem ganzen Umkreis sind mit ihren Familien dagewesen, die Stephanskirchener Kirche hat sie gar nicht alle gefasst. Und wie der Gottesdienst zu Ende gewesen ist, da haben sie alle miteinander dem Poldei das letzte Geleit gegeben, vorneweg eine Blaskapelle. Und weil der Weg von der Leichenhalle zum Grab ein bissl arg kurz gewesen ist, sind die Musikanten und der Herr Pfarrer Fritz und all die vielen Trauergäste mit dem Poldei seinem Sarg einmal rund um den ganzen Stephanskirchener Friedhof gezogen – außen rum, damit's auch dafürgestanden hat.

Und der Poldei selig, wenn er's vielleicht hat sehen können aus jener Welt: der Poldei, mein ich, wird sich darüber gefreut haben, und für den Rest der ewigen Seligkeit wird er immer wieder daran zurückdenken müssen, wie schön es bei seiner Leich gewesen ist.

Wir leben in Bayern. Wir leben in einem guten Land unter guten Leuten. Wenn wir schon nicht zu Hause im böhmischen Reichenberg haben bleiben dürfen, oder in Prag, dann wüssten wir uns, die Frau Preußler und ich, kein besseres Land unter Gottes Sonne, wo wir lieber leben und eines schönen, hoffentlich noch in angemessener Ferne liegenden Tages auch sterben möchten, als eben hier.

Hartmut von Hentig

Johann Sebastian Bach
«Ich bin's, ich sollte büßen»

Jedem Deutschen begegnet irgendwann Johann Sebastian Bach. Ich meine den Augenblick, in dem ihm das bewusst wird. «O Haupt voll Blut und Wunden» mag er um die Osterzeit im Radio oder «Ich steh an deiner Krippe hier» auf einer Schulweihnachtsfeier gehört haben, ohne zu wissen, von wem die Musik stammt. Aber dann durchflutet ihn eines Tages ein Strom von Geigen- und Trompetenklang, und er fragt, was das sei, und bekommt die Antwort: Eine sogenannte Ouvertüre von Johann Sebastian Bach; oder seine verwirrte Seele wird durch eine Klaviermusik geordnet wie Eisenfeilspäne durch einen Magneten, und man sagt ihm: das sind die Goldberg Variationen von eben diesem Komponisten aus dem 18. Jahrhundert; oder ein Kammerorchester eröffnet ein Fest mit so klaren Rhythmen, dass er unversehens zum Mitdirigenten wird – und er liest auf dem Programm, dass jetzt das vierte Brandenburgische Konzert gespielt werde – wieder von diesem Johann Sebastian Bach.

Meine erste Begegnung mit Bach war, wie für die meisten anderen, eine Begegnung mit mir selbst. Ich stand in meinem 15. Lebensjahr – der Zweite Weltkrieg hatte zu wüten begonnen. Wir lebten damals in Berlin. Ich ging aufs Französische Gymnasium. Einer meiner gescheitesten Klassenkameraden, Sohn eines Pfarrers, sprach von Bach. Bach hatte keinen Vornamen, Bach bedurfte keiner Erklärung, Bach war von immenser und selbstverständlicher Bedeutung, Bach war Bach, wenn Friedrich Wilhelm Backhaus von ihm sprach. Wie auch in anderen Fragen – der Li-

teratur, der Philosophie, der Geschichte, der Architektur –
ließ Hutz, so wurde er von uns und seiner Familie genannt,
mich seinen Vorsprung spüren. Ich las Martin Luserke, er
las Jens Peter Jacobsen; ich fing an, nietzsche-krank zu
werden, er zog unter Berufung auf Nietzsche Schopen-
hauer vor; ich wusste noch nichts von Benjamin Disraeli,
und so war es begreiflich, dass ich noch immer an Bismarck
glaubte; meine unverhohlene Begeisterung für das Berliner Olympiastadion machte mich zu einem «Mitläufer»,
ein Wort, das ich zum ersten Mal von Friedrich Wilhelm
hörte. Wir Obertertianer am «FG» waren alle frühreif,
Friedrich Wilhelm war reif. Und er verstand sich auf
Bach, besuchte die Aufführungen von Bachs Kantaten und
Oratorien in entlegenen Kirchen Berlins, während ich
belcanto-selig in die Oper ging: La Traviata und Madame
Butterfly, Der Freischütz und (sogar) Tannhäuser.

Der Krieg brachte einen schwer beschreibbaren Ernst in
unser Jungen-Leben. Die ersten Schulkameraden fielen;
Verdunklung wurde angeordnet; Lebensmittel waren ratio-
niert. Im Kreise meiner Freunde wusste man nicht, ob man
sich über die Siege der deutschen Wehrmacht freuen sollte
oder ob sie das Unheil Hitler vermehren und verlängern,
uns einsamer und wehrloser machen würden. Nietzsche
passte plötzlich nicht mehr, so wenig wie Carmen oder
Figaros Hochzeit. Und Ernst Jüngers «Auf den Marmor-
klippen» nahm ich als nur halben Mut, als nur halbes Aufbegehren wahr. Die schöne Form ärgerte, wo man sich die
nackte Wahrheit, ja, die starke Tat wünschte. Ich sehnte
mich nach etwas Unbedingtem. Warum gab es keinen heutigen Schiller? Wer schrieb unsere Antigone? Wo war unser Sokrates, unser Thukydides?

Ostern 1940 war in der Marienkirche die Matthäuspassion angekündigt. Es sprach sich herum. Der Erb singe den
Evangelisten, schon deshalb sollte man versuchen, Karten

zu bekommen. Hoffentlich werde es bis dahin etwas wärmer – die Kirchen werden ja nicht mehr geheizt.

Ich erstand eine Karte; ich ging hin mit meiner Konfirmationsbibel in der Manteltasche; ich war mit mir und meinem Entschluss allein. Den Text hatte ich vorher noch einmal gelesen. Ich saß hinter einem Pfeiler, weiß also bis heute nicht, wie der Erb (er war sogar Professor!) aussah. Mit den ersten zwanzig Takten geschah mir dann etwas, was einem im Leben nur selten geschieht, ein halbes Dutzend Mal, wenn's hoch kommt: Man hört oder sieht etwas zum ersten Mal und weiß sofort, dass man es schon immer gesucht, ja, dass man es längst «gewusst» hat. Und dann steigerte es sich: die große Schuld, die bange Frage: «Herr, bin ich's?», der dich verrät, die Einsicht: «Ich bin's, ich sollte büßen», die aufrichtige Entschlossenheit: «Ich will hier bei dir stehen», der klägliche Rückfall, die Verleugnung: «Ich kenne des Menschen nicht», die tiefe Einsamkeit der Scham: «Und ging hinaus und weinete bitterlich».

In der Musik wurde aus dem «Wissen» Erfahrung. Die Kreuzigung des Jesus von Nazareth, der freche und fanatische Mutwille seiner Feinde, der Kleinmut seiner Jünger gingen auf in unserem Krieg, in der gegenwärtigen Verfolgung Unschuldiger, in der ängstlichen Hinnahme des Unrechts durch uns – sie gingen auf durch die Musik. Die Macht der Sanftmut des Eingangschorals, das im Scheitel des Werkes in erlösende Schönheit verwandelte Gebot: «O Mensch, bewein dein' Sünde groß», die Wohltat der Trauer am nicht enden wollenden Ende – hier breche ich ab, denn das, was ich auf dem langen Weg Unter den Linden und durch den Tiergarten heimtrug, glaubhaft zu beschreiben vermag nur ein Dichter oder ein Musik-Handwerker, der das Ereignis Satz um Satz für seinesgleichen wiedererschafft. Mir und meinesgleichen freilich hilft das nicht.

Wir sollten, denke ich dann, uns lieber der großen, tröstenden, tragenden, ordnenden Menschenmusik einfach hingeben.

Mit Ausnahme von 1944 und 1945 habe ich seither jedes Jahr in der Osterzeit die Matthäuspassion gehört – immer wieder beglückt und erschüttert, immer wieder mitsingend – laut, wenn ich für mich war, innerlich, wenn andere dabei waren –, immer wieder unter Tränen, die mir für diesen Zweck gegeben sind.

In einem langen Leben im Zeitalter der technischen Reproduktion dürfte ich so gut wie alles, was Bach komponiert hat, irgendwann einmal gehört haben. Unter seinen Werken habe ich ein Dutzend ganz besonderer Lieblinge. Aber «mein erster Bach» – mein erster bewusster jedenfalls – ist der größte geblieben, vermutlich, weil er mich angesichts des größten Unheils in seine Arme genommen hat.

Caspar Faber

Martin Luther
Die Freiheit eines Christenmenschen

Luthers Problem   Manche Leute finden sich so, wie sie sind, gerade richtig. Solche Leute haben für Luthers Problem kein Verständnis – und folglich ist Luther für sie nur eine historische Gestalt. Aber wer je an seiner eigenen Trefflichkeit gezweifelt hat, der kann sich Luthers Problem zumindest vorstellen.

Luthers Problem war, wie er – ein sündiger Mensch, ein «Alter Adam» – die Gnade Gottes gewinnen könne.

Die Priester der Kirche sagten: durch Fasten und Beten und Werke der Barmherzigkeit. Und durch Geldzahlungen für einen frommen Zweck, zum Beispiel für den Bau der Peterskirche in Rom.

Martin Luther war Arbeiterkind (so würden wir heute sagen; sein Vater war Bergmann). Er war Mönch geworden und Doktor und Professor für Theologie und Philosophie. Er sprach Lateinisch wie Deutsch, und er konnte Griechisch und Hebräisch. Er las die Bibel in den Originalsprachen.

Er verstand das Evangelium anders, als die Priester der Kirche es predigten. Er verstand es so: Der sündige Mensch – Alter Adam oder Alte Eva – gewinnt die Gnade Gottes durch den Glauben an die Gnade Gottes.

Die Frage, wer oder was Gott sei, stellte Luther nicht, geschweige denn die Frage, ob es Gott überhaupt gebe. Für Luther und seine Zeitgenossen gab es Gott, und Gott war allgegenwärtig, allwissend, allmächtig und allgütig. Sichtbar war er nicht, immer verständlich war er auch nicht. Aber man konnte mit ihm sprechen: Vater unser.

Die Thesen   Am 31. Oktober 1517 nagelte der Doktor Martin Luther ein Papier mit 95 Thesen, grundlegenden Sätzen zum Verständnis des Evangeliums, an die Tür seiner Kirche; das war die Schlosskirche der Residenz- und Universitätsstadt Wittenberg.

Forscher haben ermittelt, dass dieser Thesen-Anschlag gar nicht stattgefunden hat. Aber Forschungsergebnisse sind nur die Nebensache der Geschichte. Ihre Hauptsache sind die Bilder, die das Geschehene vor Augen führen, und die Worte, die es zu Gehör bringen.

Die Aufforderung an die Christen, aus der Vormundschaft der Priester herauszutreten und sich mutig des direkten Kontaktes mit Gott zu bedienen, war ein Hammerschlag, ein Donnerschlag. (Das Allgemeine Priestertum der Gläubigen war nicht der einzige Inhalt von Luthers Lehre, aber der aufregendste.)

Die Bannbulle   Abgesandte des Papstes versuchten 1518 und 1519, Luther zum Widerruf seiner Thesen zu bewegen. Hinter den Lehren der Kirche stehe schließlich die Autorität des Stellvertreters Christi auf Erden und das Gewicht der Konzile, auf denen die gelehrtesten Theologen und würdigsten Bischöfe unter ständiger Anrufung des Heiligen Geistes den rechten Glauben formulierten. Der störrische deutsche Mönch sagte: Das Papsttum ist eine menschliche Einrichtung. Ein Konzil kann irren. Die höchste Autorität ist die Bibel; sie ist das Wort Gottes.

Da wurde ihm der päpstliche Bannfluch angedroht. Das beunruhigte ihn nicht sehr. Er verbrannte das aus Rom gekommene Schriftstück auf offener Straße, zur Freude seiner Studenten.

Aber nun wurde der Bann ausgesprochen, 1520.

Der Reichstag   1521 musste Luther vor dem Reichstag

in Worms erscheinen. Er wurde beschworen, doch einzusehen, dass die von ihm gelehrte Freiheit des Christenmenschen die gottgewollte Ordnung der Welt störe und letzten Endes zerstören werde. Wenn er sich nicht dem kaiserlichen Gebot unterwerfe und seine Lehre widerrufe, müsse er mit der Reichsacht rechnen.

Martin Luther unterwarf sich nicht. Er sagte: Hier stehe ich, ich kann nicht anders, Gott helfe mir, amen. Da wurde die Acht verhängt.

Die Wartburg Luthers Landesherr war der Kurfürst von Sachsen, Friedrich der Weise. Die Landesherren waren damals schon recht stark gegenüber dem Kaiser. Friedrich gewährte dem geächteten Luther auf der Wartburg Asyl.

Dort begann Luther die Bibel zu übersetzen, in ein mitteldeutsches Deutsch, das die meisten Deutschen gut verstanden. Grundlage war die kurfürstlich sächsische Kanzleisprache, mit der man selbst schwierige Dinge genau sagen konnte. Aber Luther hat auch «dem Volk aufs Maul geschaut», das heißt: auf die Sprechweise einfacher Menschen geachtet. Aus Amtssprache und Volkssprache wurde die ausdrucksvolle, derbe und doch zarte Sprache der «Lutherbibel». Sie ist seither das gemeinsame Hochdeutsch – die Sprache des «Faust» und der «Buddenbrooks» und auch dieses Buches.

Als einmal der Teufel den Übersetzer und Sprachgestalter Luther bei der Arbeit stören wollte, warf dieser sein Tintenfass nach ihm. Er traf ihn nicht, die Tinte besudelte nur die Wand, aber der Teufel verdrückte sich doch. Das Mittelalter war noch nicht ganz vorbei.

Wittenberg Auf der Wartburg und dann wieder im verlässlichen Wittenberg – diese Stadt war nun der Mittelpunkt der evangelischen Christenheit – schrieb Luther programmatische Schriften, einen großen und einen kleinen Katechismus und Kirchenlieder. Er schuf – unterstützt von seinem gelehrten Freund Philipp Melanchthon – die evangelische Kirchenorganisation, gestaltete die evangelische Gottesdienstordnung, regelte die Ausbildung der evangelischen Pfarrer oder Pastoren. Er stritt mit dem Schweizer Reformator Ulrich Zwingli um die Abendmahlslehre. Er entzweite sich mit dem reformatorisch gesonnenen, aber kompromissbereiten Theologen Erasmus von Rotterdam. Er sagte sich von evangelischen Fundamentalisten los, die mit Feuer und Schwert einen Gottesstaat auf Erden errichten wollten. Er wetterte gegen die aufständischen Bauern, deren soziale Forderungen er gutgeheißen hatte, deren Gewaltakte er aber verbrecherisch fand. Er war für eine mächtige ordnende Obrigkeit, so sehr, dass später die Nationalsozialisten behaupteten, er sei ein Vorläufer von ihnen. Sie haben ihn absichtlich missverstanden.

Das Pfarrhaus Luther heiratete. Als junger Mönch hatte er das Keuschheitsgelübde geleistet. Nun wurde er Ehemann und Familienvater. Der untersetzte, ess- und trinkfreudige geistliche Herr, in dem sich Derbheit und Gemüt, Tiefsinn und Machtwillen vereinten, war jahrhundertelang ein Vorbild nicht nur für Pfarrer, sondern überhaupt für bürgerliche deutsche Männer. Wir schütteln heute ein wenig den Kopf darüber – und müssen zugleich staunen, welch würdigen Platz Frau und Kinder in diesem ersten, diesem maßgeblichen evangelischen Pfarrhaus einnahmen.

Für seine eigenen und alle anderen Kinder dichtete Luther das Lied «Vom Himmel hoch, da komm ich her», das seine Theologie lieblich verwandelt: Genau so direkt und zutraulich wie den «Vater unser» konnte er auch das Kind ansprechen.

Eine Strophe aus diesem Lied, das ein deutsches Volks-
lied geworden ist, bildet einen Höhepunkt im Weihnachts-
oratorium des Leipziger Thomaskantors Johann Sebastian
Bach, der fast genau zweihundert Jahre nach Luther geboren ist (1483/1685):

Ach mein herzliebes Jesulein,
mach dir ein rein sanft Bettelein,
zu ruhn in meines Herzens Schrein,
dass ich nicht mehr vergesse dein.

Bach lässt Luthers Kinderlied-Text als mächtigen vier-
stimmigen Choral singen, mit Pauken und Trompeten:
ernst gemeint. Aller Jesulein-Kitsch, den wir kennen,
wird davon weggepustet.

Viele Christen, evangelische und katholische, und auch
manche Heiden halten es für möglich, dass dem Alten
Adam und der Alten Eva mit Luther beizukommen ist.

Sten Nadolny

Der Oberlehrer
Anderen etwas fürs Leben beibringen

«Sie Oberlehrer, Sie!» sagte ein Autofahrer zu einem anderen, der auf der Strecke mit Überholverbot absichtlich besonders langsam vor ihm hergefahren war. Der Langsamfahrer fühlte sich durch diese Bezeichnung verletzt, sicher auch deshalb, weil sie ins Schwarze traf. Er hatte sich über den Schnellfahrer geärgert, der mit mindestens achtzig Stundenkilometer herangejagt war, wo nur fünfzig gefahren werden durften. Um ihn zu erziehen, entschloss sich der Langsame, noch langsamer zu fahren: fünfunddreißig, damit der andere mal ein wenig Geduld lerne. Der lernte aber gar nichts, sondern empfand das Verhalten als Provokation, überholte trotz des Verbotes und bremste seinerseits den Langsamfahrer aus, um ihn zur Rede zu stellen. Mit dem Begriff «Oberlehrer», den er dann noch einmal, mit dem Zusatz «typisch», wiederholte, provozierte er aber ebenfalls, so dass bald ganze Schwärme von hier nicht wiederzugebenden Bezeichnungen hin- und herflogen. Man sah sich Monate später vor Gericht wieder, denn jeder war und blieb beleidigt, und der Richter sollte nun entscheiden, wer von beiden es mit mehr Recht sein durfte.

Immer noch, und wahrscheinlich bis ans Ende aller Zeiten, hört man in Deutschland und anderswo vom «deutschen Oberlehrer» reden, manchmal auch etwas zugespitzter vom «preußischen». Liebevoll ist das in keinem Fall gemeint, sondern als verächtliche Kennzeichnung von Menschen, die es nicht lassen können, anderen Leuten Fehler nachzuweisen und sie auf unnachsichtige, arrogante

Art zu belehren. Der «hässliche Deutsche», der sich einen sicheren Platz in der Klischeesammlung der Welt (und ihrer Filme!) erarbeitet hat, ist in der Regel ein engstirniger, sturer Perfektionist und Verteidiger seines für überlegen gehaltenen Systems, vor allem dem von «Gesetz und Ordnung» – ein ewiger Besserwisser und Pedant.

Den Beamtentitel «Oberlehrer» gibt es schon lange nicht mehr, er gehörte zur preußisch-wilhelminischen Schule. Ein Teil der Oberlehrer erhielt nach langen Dienstjahren den Titel «Professor». Historisch gesehen war der typische Oberlehrer Philologe, lehrte vorwiegend Griechisch und Latein und neigte ein wenig zur Weltferne. Sein Wissen war oft dem der akademischen Forscher ebenbürtig, mitunter trieb er auch selbst Sprachstudien, sammelte jahrzehntelang Material für nützliche Nachschlagewerke. Mancher Oberlehrer war Reserveoffizier. Mit Parteipolitik wollte (und sollte) er nichts zu tun haben, hier übte er Enthaltsamkeit. Seine politische Überzeugung hielt sich in einem nationalliberalen Rahmen, wurde allerdings etwa von 1900 an nationalistischer und pathetischer. Das knöchern-autoritäre Schreckgespenst aber, als das er speziell in der süd- und westdeutschen Überlieferung und, vom Ersten Weltkrieg an, auch in ausländischer Sicht erschien, ist der «preußische» Oberlehrer wohl nur in Ausnahmefällen wirklich gewesen. Gewiss, er dachte manchmal etwas eng und schrullig, aber ihn beherrschte die Hoffnung, anderen etwas fürs Leben beizubringen – da wollte er genau sein. Das heutige Schimpfwort tut ihm im Grunde unrecht. Aber es meint ja nicht mehr den Studienrat am Gymnasium. Es meint auch nicht mehr nur den dozierenden Besserwisser, sondern manchmal etwas geradezu Beängstigendes, was leider immer häufiger zu beobachten ist: eine bestimmte Art von Aggression, eine Bereitschaft zu fast jeder Verrücktheit, ein panisches Agieren, für das die Pädagogik allenfalls Auslöser oder Rechtfertigung ist. Man könnte hier vom wildgewordenen Oberlehrer, oft noch zutreffender vom zum Oberlehrer gewordenen Wilden sprechen.

Der 55jährige Schauspieler M. ist gegen die Vorherrschaft des Autoverkehrs und beklagt dessen zerstörerische Wirkung auf die Stadt, die er noch als Idylle mit weit geringerem Verkehr erlebt hat. Vor allem ärgert ihn, dass Autofahrer sich so gut wie alles herausnehmen: sie fahren zu schnell, achten nicht auf Radfahrer wie ihn, lassen an geschlossenen Bahnübergängen den Motor laufen und verpesten damit unnötig die Luft, parken auf dem Bürgersteig, so dass Fußgänger auf die Fahrbahn gehen müssen. Eines Tages tritt M. aus seinem Haus und sieht einen Wagen mit laufendem Motor auf dem Bürgersteig stehen – der Fahrer ist weit und breit nicht zu sehen. M. wartet eine Weile auf ihn, um ihm Vorhaltungen zu machen, aber der andere erscheint nicht, während M. immer zorniger wird – jede Sekunde lässt ihm die Unverschämtheit dieses Rowdies größer erscheinen. Plötzlich fasst M. einen Entschluss, sieht sich nach allen Seiten um, öffnet dann die Autotür, setzt sich ans Steuer, legt den Gang ein. Im selben Moment erkennt er im Rückspiegel eine Bewegung: der Fahrer kommt gelaufen! Reflexartig kuppelt M. ein, fährt mit Vollgas über den Bürgersteig davon, nimmt beinahe eine junge Mutter nebst Kinderwagen auf die Hörner – mit einem Schrei weicht sie wieder in den Hauseingang zurück, aus dem sie gerade herauswollte. Der Fahrer ist inzwischen hinter seinem Auto hergelaufen und versucht an den Türgriff zu kommen. Jetzt findet M. eine Lücke zwischen den parkenden Fahrzeugen, durch die er auf die Straße hinauskann, allerdings ist er dabei zu hastig, vorn rechts und hinten links kracht Blech in Blech. Mit heulendem Motor rast M. davon, fädelt sich in den Verkehr der Hauptstraße ein, blickt etwas zu lange in den Rückspiegel, um zu sehen, ob der gigantische Läufer immer noch hinter ihm her ist. Hier kracht es endgültig: M. hat einen Verkehrsstau übersehen, dessen hinteres Ende von einem englischen Nobelauto gebildet wird, einem der teuersten Wagen der Welt.

«Ich wollte ihm eine Lehre erteilen», sagt Schauspieler M. vor Gericht, «erstens wegen dieses unmöglichen Benehmens auf dem Bürgersteig, und dann auch wegen seiner Unvorsichtigkeit – ein laufender Motor fordert ja den Diebstahl geradezu heraus. Kein Wunder, dass unsere Versicherungen immer teurer werden! Ich fühlte: hier muss einmal gehandelt werden!»

Er hatte also, wie er es sah, dem Sünder nur etwas beizubringen versucht, indem er den Part des «Lebens» übernahm – das bekanntlich grausam ist und Fehler bestraft.

Gelegenheit macht «Oberlehrer». Aber ach, das Leben selbst ist der oberste aller Oberlehrer – und so kalt, so verständnislos!

Ludwig Harig

Romantiker
«Das Land, wo die Zitronen blühn»

Ich war sechzehn. Nach den Sommerferien, im Oktober 1943, lasen wir in der Schule den «Taugenichts» von Eichendorff. Mein erster Blick auf das Titelblatt des Reclamheftchens verzauberte mich. Eine Kutsche fährt vorbei. Eben hat sie einen Wacholderbusch passiert, der Weg ist schmal und mit Schotter bedeckt, die Pferde streben einem fernen Horizont entgegen. Der Taugenichts streckt sich auf dem Rücksitz im Sonnenlicht, hält seine Geige im Arm, schaut nach Wiesen und Büschen, die bunt vorüberfliegen. Ich sehe die Kutsche schräg von hinten, die Pferde haben den Scheitelpunkt einer sanften Erhebung erreicht, hurtig eilt der Reisewagen davon. Was für ein Glück, dass es eine Zeichnung ist und kein Film; auf dem Bild bleibt das unaufhörliche Fahren, ein immerwährendes Reisen, ein ewiges Unterwegssein.

Lehrer Zülicke spazierte vor der Klasse auf und ab, rollte die Augen, schnalzte mit der Zunge und schwenkte das Büchlein hoch über unseren Köpfen, als schwinge er die Peitsche des Kutschers durch die Luft. «So zog ich zwischen den grünen Bergen und an lustigen Städten und Dörfern vorbei gen Italien hinunter», rezitierte er, ahmte mit weit vorgeschobener Unterlippe eine Figur der Erzählung nach und pries mit den Worten des Dichters das Land, wo einem die Rosinen ins Maul wüchsen, wenn man sich nur entspannt auf den Rücken lege und in die Sonne blinzele. «Und wenn einen die Tarantel beißt», rief er aus, «so tanzt man mit ungemeiner Gelenkigkeit, wenn man auch sonst nicht tanzen gelernt hat.» Der Lehrer konnte, wenn er

Schüler für Schüler weiterlesen ließ, die Stellen kaum abwarten, bei denen der Dichter etwas nach seinem Geschmack außerordentlich Schönes und Zutreffendes erzählt. Dann fiel er dem Vorlesenden ins Wort und las im Überschwang seiner Gefühle weiter: «Da bist du nun endlich in dem Lande, woher immer die kuriosen Leute zu unserm Herrn Pfarrer kamen mit Mausefallen und Barometern und Bildern. Was der Mensch doch nicht alles erfährt, wenn er sich einmal hinterm Ofen hervormacht.»

Ich war begeistert, ich war beglückt. Joseph von Eichendorff, der schlesische Dichter, führte uns an der Seite des Taugenichts über die Alpen nach Italien hinab. Der Dichter lässt den Postillion ins Horn stoßen, ich höre, wie es tönt; er lässt die Winzer in den Weinbergen singen, ich höre, wie es schallt; er lässt Herrn Guido die Zither schlagen, ich höre, wie sie klingt. An den Nachmittagen spazierte ich mit meinem Freund über die Wiesen, im Gehen lasen wir uns gegenseitig vor, wir blähten uns auf wie waschechte Italienfahrer, wähnten uns auf den Römerstraßen der Lombardei, in den Baumgärten der Toskana, unter dem blauen Himmel Umbriens; die Äpfel an den Chausseebäumen wurden uns zu Pomeranzen, und bei der Rückkehr am Abend lag das Schloss, das unser Wohnheim war, wie das Schloss der schönen Gräfin im blassen Mondschein. Auch unsere künstlichen Figuren von Buchsbaum waren nicht beschnitten und streckten wie Gespenster lange Nasen in die Luft, auch unsere Wasserkunst war ausgetrocknet, auch unsere Statuen waren zerbrochen, auch unser Garten war mit wildem Unkraut überwachsen. Mitten in Deutschland lebten wir in der italienischen Welt des Taugenichts. In Idstein im Taunus hatte ich so ein gewisses feuriges Auge bekommen wie der Taugenichts in Rom, sonst aber war ich noch gerade so ein Milchbart, wie ich zu Hause gewesen bin, nur auf der Oberlippe zeigten sich ein paar Flaumfedern – und ich wünschte, dass mir nicht eher ein Bart wüchse, als bis auch dem Taugenichts einer gesprossen wäre!

Italien sei das Traumland der Deutschen, erzählte unser Lehrer, nicht nur den Taugenichts habe es dorthin verschlagen. «Kennst du das Land, wo die Zitronen blühn?» frage das Mädchen Mignon in einem Gedicht von Goethe, und sogleich breche die Sehnsucht aus ihr hervor: «Dahin möcht ich mit dir, o mein Geliebter, ziehn.» Goethe und zahlreiche Künstler seien dem verlockenden Ruf aus dem Land der Zitronen gefolgt; des Lichtes, der Wärme, des leichteren Lebens wegen, erklärte der Lehrer; doch lange vor ihnen habe das Fernweh deutsche Könige und Ritter nach Italien getrieben, wo sie alle ihr Glück machen wollten. «Es ist seit alters eine Sehnsucht der Deutschen, über die Alpen zu ziehen», sinnierte er und fuhr sich gedankenverloren über Augen und Stirn.

Nachts, wenn aus der Stille des Städtchens ein heiseres Hundegebell, aus der Tiefe des Tiergartens ein scharfer Käuzchenruf durch unser Schlafzimmerfenster hereindrangen und ich nicht einschlafen konnte, hörte ich aus dem Zimmer unseres Lehrers ein melodisches Gemurmel, so als läse er heimlich im «Taugenichts» weiter. «Lasst uns in unserer Lektüre fortfahren», sagte er anderentags; «wer weiß, wie lange wir uns noch in Ruhe mit unserer Italiensehnsucht beschäftigen können.»

Es war Krieg. Am 9. September waren die Alliierten bei Salerno gelandet, hatten am 1. Oktober Neapel eingenommen, am 5. den Volturno überschritten und befanden sich auf dem Weg nach Monte Cassino. Mein Onkel Kurt, der zu Weihnachten ein paar Tage Urlaub bekommen hatte, erzählte uns, wie die Amerikaner aus ihren Landungsbooten auf den Strand gesetzt wurden. «Wir lagen den ganzen Sommer über in einem Dorf bei Paestum in der Nähe des

Poseidontempels», schwärmte er. «Dort lebten wir wie die Maden im Speck. Tagsüber drückten wir uns im Schatten herum, abends kehrten wir ins Wirtshaus ein, aßen wie die Fürsten, tranken mit den Dorfleuten Wein vom Vesuv und wurden fett wie die Ottern und faul wie die zahnlosen Hunde hinterm Ofen.» Corrado habe ihn der Lehrer des Ortes genannt, das sei der italienische Name für Kurt, was von Konrad herstamme, und Konrad hätten die deutschen Kaiser geheißen, die nach Italien gekommen seien.

Onkel Kurts Italienliebe war am Ende arg ramponiert. «Als die Amerikaner an Land gingen, war der ganze Strand in ein gleißendes Licht unserer Scheinwerfer getaucht», erinnerte er sich; «vier Uhr nachts ist es gewesen, aus allen Rohren hat es gekracht, ich war mit meinen Kameraden gerade drei Stunden vorher aus der Wirtschaft in die Stellung zurückgekommen. Da war Schluss mit dem schönen Leben!» Ich lauschte mit heißen Ohren und schämte mich meiner Kumpanei mit dem Taugenichts, der nur «Tischlein deck dich!» zu sagen brauchte, und schon lagen Melonen und Parmesankäse vor ihm auf dem Teller.

Nach den Weihnachtsferien hatten wir nicht mehr viel zu lesen. Das römische Leben des Taugenichts neigte sich dem Ende zu, die Gitarren hatten ausgeklimpert, die Geige war verstummt. Eine verwickelte Liebesgeschichte hatte Gedanken und Gefühle des armen Taugenichts durcheinandergebracht, nun wusste er nicht mehr, was er in Italien anfangen sollte. Unser Lehrer wanderte durch die Bankreihen, das Reclamheftchen in der Jackentasche, räusperte sich und gestikulierte mit ausgestreckten Händen, als wäre er selbst der Taugenichts, der sein Missgeschick mit lebhaften Gebärden erklären wolle. Plötzlich blieb er stehen, zog das Heftchen aus der Tasche, schlug es auf und las: «Da stand ich nun unter Gottes freiem Himmel wieder auf dem stillen Platze mutterseelenallein, wie ich gestern angekommen war. Die Wasserkunst, die mir vorhin im Mondscheine so lustig flimmerte, als wenn Engelein darin auf und nieder stiegen, rauschte noch fort wie damals, mir aber war unterdes alle Lust und Freude in den Brunnen gefallen. – Ich nahm mir nun fest vor, dem falschen Italien mit seinen verrückten Malern, Pomeranzen und Kammerjungfern auf ewig den Rücken zu kehren, und wanderte noch zur selbigen Stunde zum Tore hinaus.»

Mucksmäuschenstill saßen wir in unseren Bänken: wir waren enttäuscht. Fast schon entschlossen, dem Taugenichts nachzufolgen in Festgelage und Liebesabenteuer, erlebten wir nun seinen Katzenjammer, als wäre er unser eigener. Unter dem Wohlklang der berauschenden Sätze hatte ich Onkel Kurts Kriegsgeschichten fast vergessen, als ich mit einem Schlag wieder an ihn denken musste und jählings begriff, dass nicht jedermann sein Glück in Italien machen kann, der nur drei Münzen in den Brunnen wirft und sich ein Tischleindeckdich wünscht.

«Keine Bange», rief unser Lehrer, der lieber der Geschichte vorausgriff als unser Unbehagen zu ertragen; «es wird sich alles aufklären.» Und wirklich, es klärt sich alles auf und wendet sich zum Guten. Wieder erhebt sich ein Spektakel von Pauken und Trompeten, Böller krachen, Mädchen tanzen, es rumpelt und pumpelt, denn ein Stein fällt vom Herzen. «Von fern schallte immerfort die Musik herüber, und Leuchtkugeln flogen vom Schloss durch die stille Nacht über die Gärten, und die Donau rauschte dazwischen herauf – und es war alles, alles gut!»

Am nächsten Morgen brachte unser Lehrer ein dickes Buch mit in die Klasse. Es war eine Sammlung der schönsten Erzählungen aus dem vorigen Jahrhundert, herausgegeben und eingeleitet von Hugo von Hofmannsthal. Herr Zülicke war ernst und verlegen. Er strich sich wieder und wieder durch sein Haar, kniff die Augen zusammen und wusste nicht recht, wie er beginnen sollte. Schließlich sagte er: «Dem letzten Satz unserer Geschichte vom Taugenichts möchte ich einen Satz von Hofmannsthal hinzufügen: Er beleuchtet vielleicht am deutlichsten das Bild unseres romantischen Helden, den es so unwiderstehlich nach Italien gezogen hat.» Der Lehrer schlug das Buch auf, hielt es eine Weile aufgeblättert in der Hand, senkte dann seinen Blick auf die Buchseiten und las mit emphatischer Stimme, was Hugo von Hofmannsthal an Eichendorff und seiner Dichtung rühmt: «...das Beglänzte, Traumüberhangene, das Schweifende, mit Lust Unmündige im deutschen Wesen, worin etwas Bezauberndes ist...» – er hielt einen Augenblick inne und fuhr mit belegter Stimme fort: «... das aber ein Maß in sich haben muss, sonst wird es leer und abstoßend.»

Das Maß im Schweifenden, wie sollte so etwas möglich sein, dachte ich, und es zog mich in meinen Gedanken zu Onkel Kurt nach Italien. Sein schönes Leben unter dem ewig blauen Himmel ist zu Ende, nun liege ich neben ihm auf dem Monte Cassino, eingegraben in die Trümmer des Klosters, von fern schallt Geschützdonner herüber, Leuchtkugeln fliegen durch die Nacht, prasselnde Maschinengewehrgarben rauschen herauf, und es ist alles, alles verloren.

Guntram Vesper

Gerhart Hauptmann
Agnetendorf hieß schon Agnieskow

Den Sommer sechsundfünfzig habe ich in einem Ferienlager auf Rügen verbracht. Das Lager befand sich in der Nähe des Dorfes Nonnevitz südwestlich von Kap Arkona. Eine Lichtung im Kiefernwald, hinter Büschen und Brombeerhecken. Zelte mit fünfzehn, zwanzig Strohsäcken auf festgetretener Erde, Großstadtjugend.

Tags mussten wir auf den Feldern einer Genossenschaft bei der Ernte helfen, abends gab es ein warmes Essen auf dem Gut. Müde saßen wir im grellen Licht nackter Glühbirnen an den langen Tischen im ehemaligen Saal des Herrenhauses und hörten den Gesprächen zu.

Einmal erkundete ich das Haus. Im Oberstock die schrundigen Stellen auf den Wänden. Dort waren die Wannen herausgerissen, die Rohre der Dampfheizung und die Waschbecken gestohlen worden. Schutthaufen in den Ekken, wo die Öfen gestanden hatten. Von Zimmer zu Zimmer der ungehinderte Blick, es gab keine Türen mehr.

Mir fiel ein Gespräch mit Vater ein, das Jahre zurücklag. Vater hatte von den Riesengütern im Osten und Norden erzählt und davon, wie die Lebensart des Adels und das elende Dasein der Landarbeiter zusammenhingen. Die Ausweisung der Gutsbesitzer und die Bodenreform hätten mit den alten Verhältnissen Schluss gemacht, leider würden auch die Schlösser und Parks bald verfallen und früher oder später restlos verschwinden. In Benndorf, du weißt schon, ist es schneller gegangen, das Herrenhaus dort hat man einfach gesprengt.

Eines Morgens wanderten wir Erntehelfer zur nächsten

Station der Rügener Kleinbahn. Das Lager leer, bis auf die ausgelosten Wachen, die neben der Fahnenstange im Gras lagen und weiterschliefen.

Wir wurden nach Hiddensee übergesetzt. Ich sah das eine Ufer kleiner, das andere größer werden. Mittags kamen wir an Spätsommerwiesen und Kartoffelfeldern vorbei, überall Leute, Wagen, der Lagerleiter ließ uns singen, das Aufbaulied vielleicht.

Am Strand nach Westen badeten wir. Die Gelenke schmerzten, so kalt war das Wasser. Wir liefen ins Knieholz und zogen uns an.

Später ein Haus, abseits des Ortes. Ziegelmauern, ein Laubengang. Wilder Wein. Wir wurden durch die Zimmer vor einen Schreibtisch geführt, hier hat der große Dichter gelebt und geschrieben. Was ich sah, sagte mir nichts, aber das Foto neben dem Fenster fiel mir auf, es zeigte einen abgemagerten alten Mann, wirres weißes Haar, Haut über Knochen, der im Sessel lag und mit Anstrengung den kleinen Kopf hob, harte schwarze Schatten auf dem zusammengefallenen Gesicht. Neben ihm, größer und breiter, ein Zivilist und ein Soldat, Posten ähnlich.

Am Ende der Ferien die Rückfahrt nach Frohburg. Güterwagen, in die man Bänke geschraubt hatte. Wir waren zwei Tage unterwegs.

Zu Hause Mutter mit fremden Augen. Prüfte, ob ich verwildert war. Alle Zimmer erschienen mir kleiner.

Vater gab mir ein schmales Buch, *Neue Gedichte* von Gerhart Hauptmann, es war ein Jahr nach Kriegsende im neugegründeten Aufbauverlag erschienen. Zwischen den Seiten lagen Zeitungsausschnitte vom Sommer sechsundvierzig. Jetzt las ich von dem uralten Mann in Agnetendorf am Rand des Riesengebirges, von seinen letzten Monaten in der Villa Wiesenstein. Es wurde erzählt, wie der dreiundachtzigjährige Hauptmann in der Nacht zum vierzehnten Februar fünfundvierzig, als Dresden im Feuersturm unterging, auf den Höhen des *Weißen Hirsches* gestanden und endlos lange auf die verglühende Stadt zu seinen Füßen gestarrt hatte. Man konnte keine Schreie, keine Detonationen hören, bis auf ein leises Brausen in der Ferne war es ganz still. Manchmal ein Windstoß talwärts, der in den Zweigen pfiff.

Er war aus dem Haus und durch den finsteren Garten an die Kante geführt worden, unbeweglich stand er da, Stunde um Stunde. Tränen liefen über das alte Gesicht.

Es gibt ein Gemälde *Der Abendstern*, sagte Vater, Caspar David Friedrich hat es gemalt, man sieht Dresden von Osten her. Dann zeichnete er mir das Bild nach, eine schwarze Gestalt vor dem seltenen Rot des Nachthimmels, den Greis, der, auf Frau und Sekretär gestützt, den Untergang der Welt betrachtet, als Verneinung seines Lebens, aller eigenen und fremden Bücher. Sprache richtet nichts aus, macht die Menschen nicht besser.

Einmal, als ein Schauspiel zu Ende war, hatte er den dargebotenen Arm genommen und sich vom Minister durch die Doppelreihe der Würdenträger zum Auto führen lassen. War diese Berührung mit Goebbels gemeint.

Am nächsten Tag ist Hauptmann krank, Winterluft, Leichenberge, neuer Angriff, man mietet einen Masseur als Wärter, legt den alten Mann auf eine Trage und reist ab. In Görlitz heben Helfer den Dichter in den falschen Zug, am Abend ist er wieder in der Stadt.

Endlich auf dem Wiesenstein angekommen, bleibt er fünfzehn Monate im Bett, dann stirbt er. Vorher, im Frühjahr fünfundvierzig, zieht die Rote Armee in Schlesien ein, Kampftruppen besetzen Agnetendorf. Was ist los im Ort. Nur von einem Haus wird berichtet. Der Kranke schickt den Soldaten den Briefwechsel mit Gorki in die eiskalte Halle. Die Männer mit den Maschinenpistolen, den Helmen, in lehmverkrusteten ölverschmierten Uniformen reichen die Papiere im Kreis und nicken und lächeln besorgt, der berühmte Dichter ist alt und schwach, still still.

Ein Detail aus der Lebensgeschichte Johannes R. Bechers, eine Episode aus der Zeit des scheinbaren Stillstands zwischen Ende und Anfang. Im Frühsommer fünfundvierzig war Becher aus dem Moskauer Exil zurückgekommen. In Berlin baute er den Kulturbund auf. Er fand den todkranken Fallada, den alten Kellermann. Von Hauptmann war nur bekannt, dass er im entvölkerten besetzten Schlesien krank lag.

Becher, ein Kapitän der sowjetischen Militärverwaltung und ein Frontfotograf wurden mit Papieren versehen und mit Lebensmitteln und Benzin versorgt, die Rote Armee stellte einen Lastwagen. Auf der Ladefläche des Anderthalbtonners sitzend, fuhren die drei Kundschafter in Richtung Süden durch das zerstörte Land, über verödete Autobahnen, Behelfsbrücken, Feldwege, durch zerbombte Städte und zerschossene Dörfer. Manchmal blieb das Auto stehen, der Fahrer reparierte halbe Tage.

Hinter der Oder lag, am frühen Morgen bereift, das verlorene Schlesien, in das die Polen sickerten. Man sah kaum Menschen. Als hielten sich die alten und die neuen Bewohner versteckt. Auch Agnetendorf, das schon Agnieskow hieß, machte einen verlassenen Eindruck.

Aber als Becher und seine Begleiter nach der tagelangen Reise endlich vom Lastwagen kletterten und auf Haus Wiesenstein zugingen, durch den ansteigenden Park mit Tannen und Eiben, sah die große Villa wie eine unversehrte Festung aus.

In der Küche bauten die Ankömmlinge vor Hauptmanns Frau und dem Masseur die Lebensmittel auf. Dann wurden sie zu dem Kranken geführt. Mit welchen Gedanken und Empfindungen Becher, der gerade zehn Jahre unter ganz anderen Umständen verbracht hatte, durch die Zimmerfluchten gegangen ist, an den Wandbildern, den Bücherschränken und Sammlungen vorbei, ahnt man, wenn man sein Leben ab achtundvierzig ansieht, Haus am See, Segelboot, schnelle Autos, das Land hatte noch Mühe, satt zu werden.

Hauptmann, halb sitzend, winkte mit der Hand, zwei Stühle ans Bett, Frage nach seinem Befinden, Schilderung ihrer Reise, Becher sprach lange über das zusammengebrochene Reich und das neue Deutschland.

Sie aßen zu viert im Nebenzimmer. Becher, der Rotarmist, der Krankenwärter und die Frau. Die Frau, ganz in Schwarz, sehr kalt, sagte kein Wort. Sie nahm eine der hauchdünn geschnittenen Scheiben Brot und verließ den Raum. Hinweis des Masseurs: wir haben nur noch die halbe Flasche Rotwein, die auf dem Tisch steht.

Am frühen Nachmittag Fortsetzung des Gesprächs. Vorher hatte man Hauptmann in eine Jacke gesteckt, in eine Decke gewickelt, man hatte ihn aus dem Bett gehoben und für kurze Zeit in den Sessel gesetzt, Becher und der Offizier rückten heran, Blicke von einem zum anderen, der Fotograf nahm das Bild auf, den Beleg.

Da Schlesien an Polen komme, sagte Becher, und die deutsche Bevölkerung, soweit sie nicht geflohen sei, ausgesiedelt werde, müsse auch der Dichter Agnetendorf verlassen, Berlin erwarte ihn schon. Die Hunde unten im Dorf, sagte Hauptmann, bellen mein Haus an. Beim Abschied steckte Becher dem Greis eine Flasche Kognak unter die Kissen, seltsame Szene.

Anderntags fuhr er in Begleitung des Offiziers nach Liegnitz, ins Hauptquartier Rokossowskis. Er verlangte und bekam kaukasischen Weinbrand, zwei Kisten, und trug vor, wie man sich in Karlshorst den Umzug Hauptmanns, der Bibliothek, der Archive und der Einrichtung dachte. Ohne Eile und sorgfältig sollte alle bewegliche Habe verpackt und mit der Bahn abtransportiert werden. Keinerlei Kontrolle oder Aufenthalt an der neuen Grenze.

Wieder in Agnetendorf, gab Becher den Kognak, den dreisprachigen Schutzbrief der Heeresgruppe gegen ein Bündel Manuskriptblätter her, Hauptmanns *Neue Gedichte*.

Der Band erschien im Frühsommer sechsundvierzig. Damals türmten sich in der Halle, im ganzen Erdgeschoss der Villa Wiesenstein schon die Kisten bis zur Decke. Mein Haus, fragte Hauptmann. Am sechsten Juni starb er.

Der Sonderzug mit zerbrochenen Fenstern, der sich sechs Wochen später über die Neiße nach Westen müht, durch ausgedörrte sonnenverbrannte Landstriche, befördert die Leiche im gesprungenen Zinksarg, und in mehreren Waggons die Hinterlassenschaft.

In Forst, wo jetzt Deutschland anfängt, Gedränge auf dem Bahnsteig, ganz vorn Becher. Reden werden gehalten, der Zug bekommt Trauerschmuck, die Abordnung steigt zu und begleitet den toten Dichter nach Berlin, dort soll er begraben werden. Die Witwe widersetzt sich und besteht auf Hauptmanns Sommerinsel Hiddensee. Tagelanges Verhandeln. Dann Weitertransport nach Stralsund, Trauerfeier, Ansprache Wilhelm Piecks, dann Überfahrt, dann Begräbnis ohne Aufsehen.

Zehn Jahre später stehe ich auf der Schwelle des Arbeitszimmers und weiß von nichts. Das Foto. Eine Ahnung.

Hartmut von Hentig

Der Pflichtmensch
«... doch tu ich es leider mit Neigung»

Kennen Sie Pflichtmenschen? Leute, die beim ersten kleinen Schneewirbel um sechs Uhr morgens auf die Straße stürzen und den Gehsteig freikratzen; Leute, die jeden Samstag um fünfzehn Uhr die grämliche alte Tante besuchen und ihr eine Kleinigkeit mitbringen, über die sie sich nur mäßig freut; Leute, die ihre Vereinskasse wöchentlich prüfen und «Meldung erstatten», wenn 1,30 DM zuviel darin sind? Es heißt, es gebe ihrer besonders viele in Deutschland, wo kategorische Imperative, ein Vorschrifts- und Ordnungsethos, eine «Beamtentum» genannte Einrichtung, eine durch kein freundliches Klima aufgeheiterte Kargheit des Landes die «Pflicht» als moralisches Douceur erscheinen lassen. Und wen schon weder Himmel noch Erde mit natürlichen Freuden verwöhnen, soll der nicht wenigstens Spaß am Notwendigen, Notwendenden haben? Wird er nicht, was nun einmal getan sein muss, aus Neigung gut oder doch besser tun?

Das deutsche Wort «Pflicht» komme von «pflegen», habe ich einmal gelesen. Mag sein. Aber das ist eine Feinschmeckerei für Gebildete und trifft nicht den Punkt: dass die Pflicht auch für den Deutschen eine Last, ein *debitum*, also das Geschuldete ist, wovon Franzosen, Engländer, Spanier, Italiener ihr *devoir*, ihre *duty*, ihr *debere*, ihr *dovere* herleiten. Im Gegenteil: «Pflicht und Neigung» sind ein im Deutschen besonders bewusster Gegensatz – eine fest eingespielte Denkfigur wie «Geist und Macht», «Schein und Sein», «Dienst und Schnaps». Wehrpflicht, Meldepflicht, Gurtpflicht, Pflichtschule, Pflichtimpfung,

Pflichtversicherung, Rechte und Pflichten – die Sprache wimmelt von solchen Wörtern, die dazu mahnen, die Pflichten ernst zu nehmen, ernster als die unsteten Neigungen. Die eigentliche deutsche Pointe ist, dass man aus der Pflicht, obwohl man sie ebenso ungern tut wie andere Menschen, tunlichst eine Neigung mache. Im dritten Jahr des Zweiten Weltkriegs, ich war sechzehn Jahre alt, begleitete ich meinen Vater in seine Dienststelle, das Auswärtige Amt in Berlin. Es war ein Marsch von einer guten dreiviertel Stunde. Er, ein «Pflichtmensch», wollte an diesem Samstagnachmittag noch arbeiten und nutzte den Weg zu einem Gespräch mit dem Sohn. Im «AA» trafen wir zu unserer Überraschung die Putzfrau, die sich im Treppenhaus zu schaffen machte. Auf meines Vaters Frage, warum sie am Wochenende arbeite, richtete sie sich auf: «Ja, haben Sie nicht gestern unseren Führer gehört? Jetzt, wo unsere Soldaten an allen Fronten für die Heimat kämpfen, müssen auch wir Opfer bringen, mehr tun als unsere Pflicht.» Sie strahlte zufrieden, und wir gingen weiter. Der Hitler wusste, was er tat, wenn er den Menschen die Pflicht zur Neigung machte: dann prüfen sie die Pflicht nicht mehr.

Gibt es zwischen Pflicht als nur ärgerlicher (und dann oft gemiedener) Last und Pflicht als herzerwärmender Lust nichts Drittes – eine vernünftige Erledigung der Aufgabe in dem Bewusstsein, dass dies letztlich mir nützt? Ganz ohne Zweifel, und ich, den man ebenfalls im Verdacht eines Pflichtmenschen hat, versuche so zu leben. Zum Beispiel, wenn ich in meiner Schule Papier aufhebe. «Das hast du doch nicht nötig!», sagt man mir dann in wohlmeinender Eindeutigkeit. Man denkt, ich täte es aus weltverbessernder, pädagogischer Absicht. Aber ich habe dabei ein ganz normales eigennütziges Motiv: Ich leide an unnötiger Unordnung und finde ihre Beseitigung nicht mühevoll. Ich komme mir dabei nicht gut vor, aber ich befinde mich gut. Mir liegt in diesem Fall am ästhetischen, nicht am moralischen Ergebnis.

Und doch sollte man dieser Figur misstrauen. Es ist «gesünder», ich zahle die Steuern, weil ich sie zahlen *muss.* Wo gerate ich hin, wenn *alles,* was ich tue, vor meinen letzten Maßstäben standhalten soll! Lebt ein Franzose oder ein Mexikaner, ein Russe oder ein Karibe weniger frei, wenn er den Zwang nicht auch selbst vollstreckt – und sei es mit Hilfe der Einsicht? Wäre ich gefeit gegen den Übertritt von der persönlichen Vorliebe zum Amt des Sittenwächters? Müßte nicht jede biedere Nachbarschaft von Sollen und Wollen die gebotene Wachsamkeit korrumpieren? Wie weit ist es von der bornierten Entscheidungslosigkeit der Berliner Putzfrau zur unmenschlichen Pflichterfüllung eines Höss oder Eichmann?

Der preußische Philosoph in Königsberg bestand darauf, dass Pflicht Überwindung koste, damit ihre Erfüllung befriedigen darf. Eine Tat könne menschenfreundlich, gemeinnützig, ehrenwert sein – Hochschätzung verdiene sie noch nicht, wenn sie aus Neigung getan werde und nicht aus Pflicht; es fehle ihr dann «der sittliche Gehalt». In der Schillerschen Karikatur der Kantschen Strenge

«Gerne dien ich den Freunden,
         doch tu ich es leider mit Neigung,
   Und so wurmt es mich oft,
         dass ich nicht tugendhaft bin.»
«Da ist kein anderer Rat;
         du musst suchen sie zu verachten,
   Und mit Abscheu alsdann
         tun, wie die Pflicht dir gebeut»

geht es um den moralischen Lohn, den einer sich für seine Taten verspricht. Gewiss, da lauert eine Gefahr. Aber ist die andere Gefahr nicht ungleich größer: dass Pflichterfüllung zur Wonne wird – und es am Ende keine wirkliche Neigung mehr gibt, der die Pflicht widerstreitet und die deren Berechtigung anzweifelt?

Nicht alle Konflikte sind heilsam, aber den zwischen Pflicht und Neigung sollten wir uns erhalten und weder von Gruppendynamikern noch von Seelenhygienikern noch von Kommunitaristen und schon garnicht von moralischen Masochisten wegreden lassen.

Sten Nadolny

Karl Friedrich Hieronymus Freiherr von Münchhausen – *Nur ein Lügner konnte da noch helfen*

Seine Geschichten – mit Ritten auf Kanonenkugeln, unglaublichen Rettungen aus höchster Gefahr, bizarren Jagdabenteuern, einer Reise im Inneren eines großen Fisches und vielem mehr – sind in einem berühmten Buch vereint. Es gibt außerdem einen Film von 1943, in dem der blonde und blauäugige Schauspieler Hans Albers als Münchhausen auf einer Kanonenkugel ins Lager der Türken reitet und danach irgendwann auf dem Mond, wohin er mit einer Pflanze hinaufgewachsen ist, aus einem Jungbrunnen trinkt. Wovon übrigens abzuraten ist, denn man wird etwas einsam, wenn alle so rasch steinalt werden und sterben, während man ihnen eben noch eine tolle Geschichte erzählen wollte.

Inzwischen weiß man: Dass dieser «Lügenbaron» ein lügender Baron gewesen sei, ist gelogen. Münchhausen hat niemals gelogen! Alles hat sich genau so zugetragen, wie er es erzählt hat. Sogar die Sache mit dem endlos langen Leben nach jenem Trunk aus dem Mondbrunnen stimmt, und deshalb lebt er selbstverständlich heute noch – er ist 296 Jahre alt, was man ihm aber nicht ansieht –, wer mit ihm zu tun hat, kann noch immer einiges erleben. Er wohnt übrigens nicht mehr in Bodenwerder, dem Stammsitz seiner Familie an der Weser, sondern nahe Ascona/Schweiz auf dem Monte Verità, des milden Klimas und der Wahrheit wegen: Die gutgestopften Tabakspfeifen von zweieinhalb Jahrhunderten haben seinen Bronchien etwas zugesetzt, er hustet. Er hat mit einer schönen und an den richtigen Stellen runden Frau, Erbin einiger palast-

168

artiger Hotels in der Umgebung, im Alter von 278 Jahren einen Sohn gezeugt, der soeben mit mittlerer Reife vom Gymnasium abgegangen ist und Filmkritiker werden will.

Damit sind wir schon beim Beginn dessen, was hier berichtet werden muss: Der junge Mann, Anastas sein Name, hat seinem Vater bis vor kurzem keine einzige der berühmten Geschichten geglaubt. Er hat sie als «Münchhausiaden» bezeichnet, was den Vater in doppelter Weise treffen musste. Aber das ist glücklicherweise Vergangenheit. Es sind Dinge passiert, die den widerstrebenden Anastas schließlich dazu zwangen, seinem Vater alles zu glauben, alles aus dem 18., alles aus dem 19. und insbesondere die höchst erstaunlichen Erlebnisse im 20. Jahrhundert. Dass er aber alles glauben musste, liegt an der verrücktesten all dieser Geschichten, in der er übrigens selbst vorkommt – und die sich erst vor kurzem, nämlich im Jahre 2014 ereignet hat.

Ja, es ist viel gelogen worden – nicht von, sondern über Münchhausen. Er ist kein Kerl wie ein Schrank, sondern schmächtig. Kein vor Selbstbewusstsein dröhnender Rittmeister, er wirkt eher vorsichtig und etwas still. Seine Geschichten erzählt er zaghaft, unter Entschuldigungen – er weiß ja, dass sie nicht geglaubt, sondern immer nur belacht werden. Einer der Psychoanalytiker, die fast den ganzen Monte Verità auf neunundneunzig Jahre gepachtet haben, hat ihm öffentlich vorgehalten, er leide an «Pseudologia phantastica», worauf unser Mann wütend wurde: «Und Sie? In meinem Alter wären Sie längst verrückt, ach was, verstorben – verrückt sind Sie jetzt schon!»

Es war kurz bevor «Mens insana» ausbrach, auch «Große Kopfseuche» genannt: Die Menschen wurden verrückt. Sie wollten, jeder für sich, mit einem Mal nicht mehr so viel Nutzen, sondern so viel Schaden stiften wie nur irgend möglich. Die Seuche war viel schlimmer als die mordlustig-patriotische Raserei ein Jahrhundert zuvor, die Europa den ersten schweren Stoß versetzt hat, und sie hätte mehr Glück und Menschenleben zerstören können als die Große Pest und der Dreißigjährige Krieg zusammengenommen. Nun gut, das ist bekannt. Weniger genau weiß man, wie es gelungen ist, all diese Milliarden von Köpfen wieder zu heilen. Ohne die Geschichte vorwegnehmen zu wollen: Nur ein Lügner konnte da noch retten – genauer gesagt, nur einer, den alle für einen Lügner hielten, und noch genauer: Münchhausen.

Wir wissen längst, dass es Zeitreisenden möglich ist, in die Vergangenheit zu fahren und dort ein paar Weichen anders zu stellen. Sie können in Braunau am Inn eine impotent machende Substanz in die Wasserversorgung einschleusen, so dass Adolf Hitler mangels Zeugung nie geboren wird. Sie können als «Terminatoren» aus der Zukunft in die Vergangenheit gehen, um einen kleinen Jungen zu töten, bevor dieser einen bestimmten Computerchip erfindet, der später die Menschheit der selbständig gewordenen künstlichen Intelligenz ausliefern wird.

Nun ist jemand, der 300 oder vielleicht sogar 500 Jahre alt wird, in einer anderen Situation – er braucht sich nur innerhalb seines eigenen Lebens ein wenig vor- und zurückzubewegen, schon ist er an den Knotenpunkten der gesamten Neuzeit. Einfach ist auch das nicht. Erstens ist eine unglaubliche Konzentration (lat. «attentio phantastica») erforderlich, um die Gegenwart versinken und etwa das achtzehnte Jahrhundert wieder erstehen zu lassen. Münchhausen besitzt diese Gabe. Zweitens kann er sich dann im achtzehnten Jahrhundert nicht einfach frei bewegen – er muss durch dieselben Situationen hindurch, die er damals schon erlebt hat, er muss sich vor denselben wilden Ebern, Kälteeinbrüchen und osmanischen Sultanen retten wie ehedem, um dann auch noch das für unser

Heute Entscheidende zu tun. Irrt er sich und stellt eine Weiche falsch, so beginnt alles von vorne. Aber jetzt kennt ihn der Eber schon, das Pferd weigert sich, an einer Kirchturmspitze festgebunden zu werden, die aus dem Tiefschnee emporragt – selbst Pferde kennen Münchhausens Geschichte vom anschließenden großen Tauwetter. Hühner, Enten und Türken weigern sich schlicht, von Münchhausen mit einem einzigen Streich oder Schuss erlegt zu werden – es bedarf großer Überredungskünste, damit sie es um des 21. Jahrhunderts willen doch tun.

Ich bin wegen der nötigen Verhinderung von Terrorismus aller Art vom Innenminister angewiesen worden, die sehr einfache Wurzel der Großen Seuche nicht näher zu erklären, sage nur so viel: sie liegt tatsächlich im achtzehnten Jahrhundert begründet, im Zeitalter der Aufklärung – aber reden wir hier nicht weiter! Der Innenminister hat mich gebeten, die Geschichte nur in Umrissen zu erzählen.

Machen wir es also kurz. Münchhausen wurde von seinem Sohn begleitet – Zeitreisende können ja, wenn sie es sich zutrauen, einen Sozius mitnehmen. Der Baron wollte es, und der Sohn auch. Anastas wollte nun unbedingt den Geländewagen mitnehmen und genügend Benzin, um im Türkenkrieg nicht plötzlich zwischen den Fronten liegenzubleiben. Und ein Walkie-Talkie, um mit seinem Vater auch in verzweifelten Situationen Verbindung halten zu können. Es ist schwer, derart viel Gepäck allein durch Geisteskraft in vergangene Jahrhunderte zu versetzen, aber Münchhausen schaffte es trotz seiner damals 294 Jahre – sonst wäre auch ich Opfer der Katastrophe und könnte nicht hier sitzen, um Ihnen das alles in Sätzen von kristallklarer Logik zu berichten.

Als die Menschen verrückt wurden, erinnerte sich der Baron sofort an die Geschichte von dem tollwütigen Hund, der ihn zu beißen versuchte. Er war damals – in Litauen war's – der Gefahr nur dadurch entgangen, dass er seinen Überrock opferte und floh. Der Hund verbiss sich in den Überrock, Münchhausen war gerettet. Wer aber nun toll wurde, war der Überrock. Er verbiss sich fortan in andere Kleidungsstücke, welche so toll wurden wie er, es bestand also die Gefahr, dass die Menschen der ganzen Welt tolle Kleider trugen und daran zugrundegingen. Der Baron hatte das damals, weil er einer Einladung des Grafen Przobovsky zu folgen hatte, nicht weiter beachtet und dann über einem Nachmittag mit ganz entzückenden Damen, denen er auf dem Teetisch zwischen Kanne und Tassen die hohe Schule vorritt, völlig vergessen.

Dass in der Tollwut-Anfälligkeit jenes Überrocks eine frühe Erklärung für die Misere des 21. Jahrhunderts lag, schien dem genialen Münchhausen, der aus der Erinnerung ausgedehnte Zusammenhänge zu rekonstruieren verstand, ziemlich naheliegend. Es galt also, dieses Kleidungsstück wiederzufinden und zusammen mit dem tollen Hund aus dem Verkehr zu ziehen. – – –

Ich muss um Entschuldigung bitten, meine Damen und Herren, ich habe soeben einen Anruf erhalten. Nein, nicht vom Innenminister – den würde ich mittlerweile ignorieren, der Mann ist eine Nervensäge. Nein, vom Baron selbst. Er möchte nun doch, dass ich die Geschichte vertraulich behandle, Ihnen also nicht erzähle, überhaupt nicht. Sein Sohn schließt sich der Bitte an.

Bitte verstehen Sie mich. Es ist mir unmöglich, einen Mann von der Lauterkeit und Wahrheitsliebe Münchhausens zu enttäuschen.

Darf ich Ihnen zur Entschädigung ein Glas meines besten Tokayers anbieten?

Hartmut von Hentig

Franz Schubert
Glück vom Unglücklichen

L.: Herr Professor, auf die Frage «Was ist für Sie das vollkommene irdische Glück?» haben Sie geantwortet: «Es gibt da Augenblicke in der Musik …» Was meinen Sie damit? Nehmen Sie die Frage nicht ernst?

P.: Ich bin in der Tat ausgewichen, das haben Sie richtig bemerkt. Für die Antwort stand eine halbe Zeile zur Verfügung – auf der ist eine stichhaltige Antwort auf eine so große Frage nicht möglich. Man müsste erst klären: Was heißt hier «irdisch»? – Ein nicht unmögliches, ein nicht jenseitiges, ein durchaus vergängliches Glück? Kann ein solches vollkommen sein? Ja, interessiert es dann noch? Und wenn schon gewiss nicht *fortuna*, das erwürfelte Glück, gemeint ist – soll es *felicitas*, das Gelingensglück, oder *beatitudo*, der Seelenfriede, sein? Wenn man dann auch noch sagen will: «Ich weiß, ihr meint das letztere, aber das kenne ich nicht – einen Zustand gänzlicher Wunsch- und Furchtlosigkeit, den man erreichen und fortsetzen kann», dann verlangt das erst recht weitere Auskunft oder wenigstens ein überzeugendes Beispiel, so überzeugend, dass die Frage vorerst verstummt. – Nun, das Beispiel kam mir sofort: die Wirkung, die die Klaviersonate B-Dur opus postumum von Schubert tut. Sie kennen sie sicher: tam tam tum ta ta taa, das auch beim hundertsten Hören bewegt und beglückt. Und schon drängt das zweite Beispiel nach: das mit «Der Wegweiser» überschriebene Lied aus der «Winterreise», das wie eine Variation davon klingt: tam ta tam ta tam tam taa tum – vollends zu der Textstrophe «Habe ja doch nichts begangen, dass ich Menschen sollte scheu'n», der die monotone Strophe folgt: «Einen Weiser seh' ich stehen unverrückt vor meinem Blick». Da stellt sich eine Übereinstimmung von Musik, Text und ausgelöstem Gefühl ein, dass ich in der Tat nichts anderes zu denken und zu wollen vermag, als dass dies *sei*. Nicht, dass es andauere, das widerspräche der Musik, die ein Vorgang, ein Wandel in der Zeit ist. Auch nicht, dass es mir gehöre – es ist ja schon meins. Schon gar nicht, dass es wiederkehre – es ist ja ganz und gar einmalig, *ist* nur in diesem Augenblick. Dies – ich hoffe Sie können es jetzt verstehen – hatte ich bei meiner Antwort im Sinn.

I.: Sie sind ein Romantiker!

P.: Ja, ein hoffnungsloser ...

I.: ... und ein deutscher! Das würde keinem Italiener einfallen – zu Vivaldi und Verdi, keinem Franzosen zu Chopin und Debussy, keinem Russen zu ...

P.: Vorsicht! Kennen Sie Tschechows Äußerungen zu Mussorski und Borodin – und vollends zu Bach, zu Beethoven, zu Brahms?

I.: Nein, aber würden Sie selber denn Ihrerseits so von den drei großen B reden wie eben von Schubert?

P.: Durchaus, freilich nur mit subjektivem Recht.

I.: Gibt es denn hierzu überhaupt Objektives?

P.: Ich habe von einer Übereinstimmung gesprochen: des Tons, des Wortes und der Wirkung. Bei Schubert kann ich die letztere, die in der Tat nicht objektivierbar ist, durch zwei nicht ganz so subjektive und miteinander verbundene andere Momente stützen: durch die Gattung, die er schuf, und durch die Person, die sich in seinen Werken ausspricht.

I.: Mit der Gattung meinen Sie das Lied?

P.: Ja, eine Kunstform, die so eigentümlich ist, dass die Franzosen sie in ihrem «chanson» nicht unterbringen und von le Lied sprechen. Auch meine amerikanischen Freunde priesen mir ihre neue Platte «With Lieder from Schubert», nicht etwa mit seinen «songs». In dieser Gattung drängt die Person zum Ausdruck, ist eigentlich immer von «mir» die Rede, auch wenn die Geschichte von einem Müllerburschen oder einem Hirten oder einer Forelle handelt. Das vor allem rückt sie in die Nähe des Volksliedes, ob die Lieder nun von Schumann oder Brahms, Loewe oder Wolf, Zelter oder Silcher stammen.

I.: Mit Verlaub: Volkslieder haben alle Nationen und auch deren Fortsetzungen, um nicht zu sagen Plagiate.

P.: Wie sich das eine zum anderen historisch verhält, will ich nicht erörtern müssen – da bin ich mir unsicher. Aber ich bin mir sicher, dass Schuberts Musik so etwas wie unsere musikalische Muttersprache, ja, dass sie unsere musikalische Muttermilch ist. «Das Wandern ist des Müllers Lust» und «Am Brunnen vor dem Tore» und natürlich Brahms' «Guten Abend, gut' Nacht» und Schumanns «Es zogen zwei rüst'ge Gesellen» möchte der «Ungebildete» – Gott segne ihn darum – für Geschwister von «O Straßburg, o Straßburg» und «Innsbruck, ich muss dich lassen», von der «Schönen jungen Lilofee» und von «Jetzt gang i ans Brünnele», von «Prinz Eugen, der edle Ritter» und von «Kein Feuer, keine Kohle kann brennen so heiß» halten. Was Melodie vermag, wie die Tonarten wirken, was die vielerlei Ordnungen, die wir Rhythmus nennen, in uns bewegen, haben wir an diesen Liedern gelernt. Sie geben den Maßstab für jene Übereinstimmung ab.

I.: Gut, gut. Aber die Lieder sind doch nur der halbe Schubert, und so besonders «deutsch» will mir das auch nicht vorkommen.

P.: Zunächst machten die Lieder so gut wie den ganzen Schubert aus. Seine Kammermusik schätzte man nicht, nicht einmal seine Freunde taten es: «Davon verstehst du nichts, Franzl, schreib Lieder!» sagte einer von ihnen nach einer Quartettprobe. Die wenigen seiner zehn Opern und Singspiele, die überhaupt zur Aufführung kamen, fielen durch. Ganze Symphonien sind einfach «verloren» – es hat sich niemand für sie interessiert. Ein einziges Mal – in seinem letzten Lebensjahr – hat Schubert ein Konzert mit eigenen Werken erlebt. Viele von diesen hat er nie wirklich gehört, sie sich nur vorgestellt. Das überirdische C-Dur Quintett erwarb Schumann für zwei Gulden aus Schuberts Nachlass – 1853, ein Vierteljahrhundert nach dessen Tod, hat man es zum ersten Mal aufgeführt. Er selber wollte es dem großen Symphoniker Beethoven gleichtun und hat nicht wahrgenommen, dass er es mit seiner 9. Symphonie und der sogenannten Unvollendeten, ja auch mit seinen Messen, getan hat. Die beiden Klaviertrios, seine Quartette, seine Impromptus und Sonaten – sie alle aber bezaubern vor allem durch die in ihnen steckenden unerlösten Lieder, durch den in sie eingeschriebenen Gesang ohne Worte. Alles hat gleichsam menschliche Stimme. «Deutsch» ist daran wohl das, was man «die Sprache des Gemüts» nennen möchte; es ist so eigentümlich deutsch, wie das Wort, mit dem wir es bezeichnen – etwas, was nicht in der Ratio aufgeht und doch nicht irrational ist; wir verstehen es in dem Augenblick, in dem wir es hören; es ist einfach und doch fast nicht sagbar. Man erzählt, eine junge Dame habe Schumann einmal, als er gerade eine Komposition gespielt hatte, gefragt, was diese wohl bedeute; Schumann habe geantwortet «Das kann ich Ihnen genau sagen, mein Fräulein», habe sich ans Klavier gesetzt und das Stück noch einmal gespielt. Diese Geschichte könnte sich auch mit Schubert zugetragen haben.

I.: Das wäre dann die «Person», von der Sie vorhin sagten, sie wirke mit?

P.: Ja, sie ist «dabei», genauer: das Bewusstsein von ihr,

von dem «Franzl», dessen dritter Vorname «Seraph» war. Ich behaupte nicht, dass man das durch das Hören der Musik «wisse», gar wissen müsse, um sie richtig zu hören: die kleinen Verhältnisse, aus denen Schubert stammte – der Vater war ein Bauernsohn, heiratete eine Dienstmagd und wurde Gemeindelehrer in einem Vorort von Wien; die dreizehn Geschwister, die Schubert hatte, – von fünfen aus einer zweiten Ehe teilen die Biographen nur mit, ihre Schicksale seien «unbekannt»; seine Leiden auf dem Stadtkonvikt – die geliebte Musik galt da nichts; seine stupende Begabung – als er Goethes «Erlkönig» zu lesen bekam, verwandelte er ihn augenblicks in Musik, hatte aber kein Klavier, auf dem er sie seinen Freunden hätte vorspielen können; seine bedrückende Abhängigkeit – er hatte seine Lehrerausbildung abgebrochen, bekam folglich keine Anstellung und musste dem verärgerten Vater als Hilfslehrer dienen; seine Freunde – er lebte von ihnen und für sie; seine Lieben – sie waren unglücklich; seine Krankheit – mit 26 zog er sich die Syphilis zu, von der er nach drei Jahren nur unvollkommen genas. Sein Leben war zugleich unglücklich und armselig ...

I.: ... wie seine Erscheinung: klein, dicklich, ungepflegt, verdorbene Augen und also Brille, ausfallende Haare und also Perücke.

P.: So war er nicht immer. Sehen Sie da drüben, über meinem Schreibtisch, den hübschen Jüngling mit dem gutherzigen Blick und der einnehmenden Offenheit: Das ist der sechzehnjährige Schubert von einem Gleichaltrigen porträtiert. In dem Jahr hat er ein bis zwei Dutzend Lieder, eine Symphonie, Tänze, Sonaten komponiert. Schon im nächsten Jahr brach der Melodienborn auf – über hundert Lieder entstanden, dazu drei Messen, drei Symphonien, vier Ouvertüren, zahlreiche Kammermusikstücke. Mein Bild zeigt also nicht einen belanglosen «jungen Vorläufer» des gemeinten Schubert. Das *ist* Schubert – der früh-reife, der von Hoffnung und Trauer gezeichnete, der rastlos arbeitende, der sich verschwendende, der immer schon wissende, ja der dem Tode zustrebende Schubert.

I.: Wäre er nicht mit 31 Jahren gestorben, die uns bescherten Werke wären die gleichen – und Sie würden diesen Satz nicht sagen können.

P.: O doch! Ich müsste nur ein «gleichsam» hinzufügen. Es gibt kaum ein Werk von Schubert, das in sich ausruht. In seinen schönsten gibt es Momente des Friedens; aber dann bricht der Schmerz ein, fällt das Glück der Melancholie anheim, aus dem harmlos lieblichen Rondo wird ein schwindelndes Getriebensein. Im Untergrund seines Schaffens waltet eine abgründige Unruhe, die in der Großen Symphonie zur Musik selber wird. Es ist, als ob einer gegen einen Berg anrennt, von den Rhythmen der Streicher vorangepeitscht, ein Wanderer, der nirgend ankommt ...

I.: Und dabei empfinden Sie Glück?

P.: Ja, so seltsam, so ungeheuerlich ist der Mensch – vollends der deutsche, der bei Schubert gelernt hat, dass nur die gebrochene Schönheit dauerhaft schön ist.

Eva Zeller

Katharina von Bora
Auf dem Cranachbild souverän

Liebe Katharina,
auf der Wartburg hängen Eure Hochzeitsbilder, von Lucas
Cranach gemalt: Du schrägäugig, mit hohen Backenkno-
chen und hoher Stirn unter enger Frauenhaube. Ich stelle
mir vor, dass Du gern schöner, lieblicher, großäugiger
gewesen wärst und dass Du, eine entsprungene Nonne,
heilfroh warst, unter die Haube gekommen zu sein und
vielleicht sogar hofftest, glücklich zu werden.

Schön oder nicht schön. Glücklich oder nicht glücklich.
Mit einem Mal warst Du ausgesondert: die Frau Martin
Luthers. Wie nahmst Du Dich aus neben einem Mann, in
dem solche Bärenkräfte steckten, dass er Kaiser und Papst
die Stirn bot; neben einem, der in steter Balgerei mit dem
Teufel lag und in nie unterbrochenem Gespräch mit seinem Gott?

Hatte er nicht lauthals verkündet, niemals heiraten zu
wollen, weil er täglich die Strafe erwarte, die ein Ketzer
verdiene? Warum in aller Welt hielt Luther dann doch um
Dich an? Woher dieser Sinneswandel? Um den Lästerern
das Maul zu stopfen, schrieb er an seine Freunde, er hoffe,
dass die Engel lachen und die Dämonen plärren werden,
weil Gott ihn, während er ganz anderen Gedanken nach-
gehangen, wunderbar in die Ehe geworfen habe mit Katharina von Bora, jener Nonne...

Mit jener Nonne! Luther, ja der ist bekannt, weltbe-
kannt, bezeugt, erforscht von Freund und Feind. Er gab
einer Ära den Namen: die Lutherzeit. Man taufte Städte
nach ihm, Plätze, Straßen, Schulen, Häuser, ganz zu

schweigen von den unzähligen Lutherdenkmälern landauf landab. Sein Geburts- und Sterbehaus sind Museen. Das Schwarze Kloster zu Wittenberg, das Du bewohnbar gemacht hast, ist eine Gedenkstätte, zu der die Leute wallfahren – natürlich nicht Deinetwegen. Du bist nur mit erforscht, abgeleitet von dem Mann, der aus Trotz «jene Nonne» geheiratet hat, abgespalten von ihm, als wärest Du wahrhaftig aus seiner Seite entnommen, während er schlief.

Aus jener Nonne wurdest Du zur Lutherin, «leiblich und wohnhaftig zu Wittenberg, meine gnädige Hausfrau, mein Liebchen, meine herzliebe Käthe, tiefgelahrte Doktorin, meine Kaiserin, meine Rippe» und wie immer Martin Dich titulierte. Kein Mensch hätte je mehr nach Dir gefragt, wärst Du nicht auf abenteuerliche Weise die Frau Martin Luthers geworden. Als Dir im Kloster zu Ohren kam, dass dieser Wittenberger Professor für Bibelerklärung von der Freiheit eines Christenmenschen sprach und er das Ablasskaufen und Eifern nach guten Werken überflüssig und verdammlich fand, hast Du Dich zur Flucht entschlossen. Ein Übergang von einem Element ins andere muss das gewesen sein, von der Religion in den Glauben. Du hast die Welt betreten, ohne darauf vorbereitet zu sein. Fluchthelfer brachten Dich und die acht anderen entsprungenen Nonnen nach Wittenberg. Sieben der Jungfrauen konnten rasch verehelicht werden. Du warst die Sitzengebliebene, die den Freier abwies, den Luther Dir zugedacht. Da nannte er Dich ein hochmütig Ding. Ein Ding! Was man dem Nönnlein aus dem Sächsischen vorschlage, sei ihm zu gering, dem Ding. Ein hoffärtiges Gemüt hat Luther Dir nachgesagt – und dann selber um Deine Hand angehalten.

Von der Sitzengebliebenen, für die Martinus zunächst keine hitzige Liebe und Leidenschaft empfand, zur herzlieben Käthe, zur Kaiserin! Eine schöne, vollkommene Verpuppung, die sich in kürzester Zeit ereignet haben muss, denn Luther lobte die Ehe alsbald in den höchsten Tönen und wollte sein Lieb um nichts in der Welt mehr hergeben, sah er doch beim Erwachen ein Paar Zöpfe neben sich im Bette, die er nie vorher gesehn.

Du aber sahst Dich mitten in einem Skandal. Die Lästerer, denen Luther das Maul hatte stopfen wollen, rissen's umso weiter auf: sieh da, sieh da, der große Luther, hat sich von einer ehemaligen Nonne wie von einer Hübschlerin verführen lassen! Die hätte ihre Jungfrauenschaft, die köstliche Perle, besser bewahren sollen, wie sie es gelobt. Die Welt starrte auf Eure Hochzeit, und die Wittenberger starrten Dir auf den Leib, ob der sich nicht schon wölbe unter dem oft gemalten grünsamtenen Brautkleid, Dich als Hure und Luthern als Sündenbock entlarve.

Kamen Klatsch und Empörung Dir zu Ohren? Hat es Dir etwas ausgemacht, so ins Gerede gekommen zu sein? Auf dem Cranachbild siehst Du souverän aus, zu deutsch: unabhängig. Dieser Eindruck entsteht durch die Entschiedenheit der Linien, der schräggeschnittenen Augen, der steilaufsteigenden Brauen, der schmalen, schwungvollen Lippen, in Öl nachgezogen. Dieser Mund sagt: Ich bin genau da, wo ich hingehöre.

Über fast fünfhundert Jahre hinweg:

Deine Eva

Sten Nadolny

Ulrich von Hutten
Nur der Kaiser darf ihn richten

«O Jahrhundert, o Wissenschaft,
es ist wert zu leben,
wenn auch noch nicht in beschaulicher Stille.
Die Studien blühen, die Geister regen sich.
Horch auf du, nimm den Strick, Barbarei,
deine Verbannung steht bevor!»

Von dieser Empfehlung an die Barbarei, sich lieber gleich
selbst abzuschaffen, bevor man sie mit Schande verjage,
wird meist nur der erste Satz (leicht falsch) zitiert, um
das Lebensgefühl der Renaissance zu bezeichnen: «O Jahrhundert, o Wissenschaft, es ist eine Lust zu leben!» Man
könnte Ulrich von Hutten, der so sprach, für einen der
glücklichsten Menschen halten. Das war er bestimmt nicht,
vielmehr einer von denen, deren Schicksal hart, deren Körper schwächlich und lebenslang von schmerzhafter Krankheit gezeichnet, deren Geist und Leidenschaft aber durch
nichts zu bändigen ist und die dadurch jahrhundertelang
Menschen faszinieren. Bewunderer nennen einen, der sich
über Niederdrückendes erheben kann, seine Freiheit liebt,
für sie kämpft und den Tod nicht fürchtet, gern einen tollen Kerl. Und das war Hutten gewiss. Die, in denen solche
Figuren Neid und Angst wecken, haben andere Bezeichnungen; «Hitzkopf» und «maßlos» gehören zu den harm-
loseren. Ulrich von Huttens Bild ist durch alle Generationen hindurch von Hass und Verklärung gleichermaßen
verwirrt worden, und die Verklärung war, speziell in unserem Jahrhundert, nur zu oft nationalistisch verzerrt.

Wir müssten uns übrigens ziemlich anstrengen, um herauszufinden, was Ulrich von Hutten, der Kämpfer und Politiker, denn eigentlich erreicht hat. Aber nicht irgendwelche Siege, sondern allein wie er war und wie er schrieb, das hob ihn heraus. Und bis heute, ja gerade heute wissen wir: die Welt braucht Feuerköpfe, Männer und Frauen, von dieser Art – weil sie uns Mut machen, auf unser Herz zu hören, zugleich auf jenen Teil unseres Kopfes, in dem das eigene, unabhängige Urteil wohnt. Aber der Reihe nach!

Das Kind eines kaiserlichen Ritters, keines Mächtigen freilich, 1488 geboren auf einer Burg bei Fulda, ein Ritterlein von schwächlicher Gesundheit, soll Geistlicher werden und dazu vor allem Demut lernen. Das kann und will er nicht, mit siebzehn flüchtet er aus den Klostermauern. Zukunftsaussichten? Keine. Der Ritterstand ist ökonomisch wie militärisch im Niedergang begriffen, und der junge Hutten ist nun auch mit seiner Familie entzweit. Aber er, er selbst steckt voller Zukunft, sein Kopf dröhnt davon; dazu kommt ein ritterliches Ehr- und Gerechtigkeitsgefühl aus den besseren Zeiten dieses Standes. Lernbegeistert und lebensgierig reist er als Wanderpoet und Student durch die deutschen Territorien und Europa, hört den Humanisten zu, immer bedeutendere Gesprächspartner sucht und findet er, redet, liest, schreibt, liest. «Ich wohne nirgendwo lieber als überall», sagt er einmal. Expansionsdrang, ritterliches Gedankenerbe, Liebe zur Literatur und zum Denken, humanistisch gebildeter Freiheitswille, aus diesen Quellen entsteht eine große Persönlichkeit schon in – für unsere heutige Vorstellung – unglaublich jungen Jahren.

Die beginnende Neuzeit bringt nicht nur ein neues Lebensgefühl, sondern lässt auch furchtbare Krankheiten neu aufleben, Pest und Syphilis. Hutten steckt sich irgendwann mit der letzteren, der damals ganz und gar unheilbaren «Lustseuche» an, wird 35jährig an ihr sterben.

Sein Dichterruhm wächst, 1517 erhält er vom Kaiser den Lorbeerkranz als höchste Auszeichnung für Dichtkunst, verbunden mit Rede- und Lehrfreiheit, kaiserlichem Schutz seines Lebens und dem Vorrecht, von keinem anderen Richter als dem Kaiser selbst gerichtet zu werden, wenn er sich schuldig machen sollte. Er kämpft in Dichtung und Polemik immer leidenschaftlicher gegen die reiche, in ihrem Machtanspruch maßlose, moralisch aber schwer verwahrloste römische Kirche und trifft dabei auf Luther, mit dem ihn eher die Politik als die Religion verbindet – Hutten bleibt stets humanistischer Moralist. Der Kampf gegen die lateinische Kirche bewegt ihn schließlich, nicht mehr lateinisch, sondern deutsch zu dichten.

Er steuerte einiges zu den «Dunkelmännerbriefen» bei, anonymen, polemischen Flugschriften (heute würde man sie «offene Briefe» nennen), in denen machtlüsterne und betrügerische Geistliche mit dem Mittel der Satire angegriffen wurden – «Lächerlichkeit tötet am schnellsten». Die «Dunkelmännerbriefe» hatten, unmittelbar am Beginn des Reformationszeitalters, große Wirkung. Es waren die ersten Triumphe der Druckerkunst: Die Satiren erreichten, ebenso wie die Predigten Luthers oder die Abhandlungen des Erasmus von Rotterdam, in nie dagewesener Geschwindigkeit Abertausende, und speziell die Schmähschriften und Dialoge des Spötters Hutten riss man sich überall gegenseitig aus den Händen, lachte und lachte. Er hatte zu Hause, auf der nun von ihm bewohnten väterlichen Burg, sogar eine eigene Druckpresse.

Durch Hutten (und Menschen wie ihn) hat das Wort «Polemik» einen ritterlichen Beiklang erhalten bis heute: Es ist nicht verwerflich, im Kampf gegen Machterhaltung und Volksverdummung die Worte, ja die Wahrheit selbst zuzuspitzen und zu führen wie eine Lanze. Er ist *der* große, streitbare Publizist am Beginn der Neuzeit. Macht hatte er kaum, sieht man davon ab, dass mächtige Kleriker seine Angriffe fürchteten und dass es ihm gelang, die Zahl seiner Feinde zu einem respektablen Heer anwachsen zu lassen. Aber die eigenen Heere? Er wäre schnell von der Bildfläche verschwunden gewesen, hätte er nicht vom Kaiser, dann von Franz von Sickingen, einem der letzten Ritter mit militärischer Macht, für einige Jahre Schutz erhalten. Irgendwann war es damit vorbei. Huttens Leidenschaft gegen den Papst und für ein künftiges, von Romund geistlichen Territorialfürsten befreites deutsches Reich, dessen Vorkämpfer, Held und Märtyrer er sein wollte, wurde vielen seiner Freunde lästig – und vielen gegenüber war er, um der eigenen inneren Wahrheit willen, von sich aus auf Distanz gegangen, darunter Erasmus. Nach dem Untergang und Tod seines Freundes Sickingen war Hutten allein, wurde von Häschern verfolgt, flüchtete von Stadt zu Stadt. Schließlich nahm 1522 der schweizerische Reformator Zwingli den Todkranken auf und ließ ihn auf der Insel Ufenau im Zürichsee wohnen, wo er 1523 starb.

Man sollte diesen brillanten, streitbaren Dichter und Provokateur weder verdammen noch verherrlichen, sondern ihn seiner besten Lebensmomente wegen in Erinnerung behalten: Der Mann war nicht einfach nur so tapfer, Leid und Gefahr auszuhalten und durchzustehen, wie es auch andere können oder lernen. Hutten war mehr: Wilde Zuversicht, schäumende Liebe zum Leben hielten ihn aufrecht und ließen ihn das Seine wagen. Das nennen wir bis heute, manchmal ohne zu wissen, von was für einer großen Kostbarkeit wir reden, «Mut». Gewiss, er ist mit dem Leichtsinn verwandt, und wir wissen zu Genüge, dass Abwägen und Zögern klüger sein können. Aber, in den Worten Ulrich von Huttens:

«Die Freiheit und das Himmelreich gewinnen keine Halben».

Hans Maier

Konrad Adenauer
So hat der Erzzivilist aus Köln der Politik die Richtung gewiesen

Adenauer hat nie Berufspolitiker werden wollen. Notar auf dem Land – das war es, was ihm in der Jugend vorschwebte. Ein Stück liberales Honoratiorentum – Erbe des 19. Jahrhunderts – war immer in ihm, und die große Familie, die behäbige Bürgerlichkeit seines Rhöndorfer Hauses mit weitem Blick über den Rhein, das Kunstsammeln, der Gartenbau, die Rosenzucht gehörten zu seiner politischen Tätigkeit dazu. Es war die Not des Vaterlandes, die den Kölner Oberbürgermeister in die Politik drängte. Patriotisches Aufbegehren gegen scheinbar unwiderrufliche politische Verhängnisse trieb ihn zum Handeln – 1918/19 wie 1923 und nach 1945.

Adenauer kam aus der Tradition des rheinischen Katholizismus und des rheinischen politisch liberalen Bürgertums. In der christlichen Überlieferung hat er sich wie in einer selbstverständlichen Realität bewegt. Dabei war sein Verhältnis zur kirchlichen Hierarchie alles andere als das des unterwürfigen Dieners und Befehlsempfängers. Zwischen Theologie und Politik hat er stets einen reinlichen Trennungsstrich gezogen. Es fehlt nicht einmal an gelegentlichen herben Äußerungen der Kirchenkritik, ein Umstand, der mit seiner persönlichen, ganz aufs Praktische gerichteten Frömmigkeit nicht im Widerspruch stand. Adenauer hat den Schutz der Kirche im Dritten Reich als Verfolgter erfahren, als er bei seinem Freund Abt Ildefons Herwegen in Maria Laach Zuflucht suchte und fand. Er lebte in seinem Familienkreis in Rhöndorf im sichernden Rhythmus kirchlicher Feste und Gebräuche. Gleichwohl hat er nicht gezögert, kirchliche Ansprüche zurückzuweisen, wo sie ihm das Gesetz der Freiheit der Kirchen im demokratischen Verfassungsstaat zu missachten schienen: dass nämlich die Kirchen nur unter der Voraussetzung allgemeiner politischer Freiheit frei sein können und dass daher ihr Ziel nicht Privilegienbewahrung, sondern Mitarbeit in diesem Staate sein solle.

Zwei Dinge hat Adenauer wohl schärfer erkannt als seine Gegner: dass das niedergeworfene Deutschland zur Politik einer aktiven Vermittlung zwischen Ost und West nicht fähig war und jeder Versuch, es in diese Richtung zu drängen, eine gefährliche Überforderung der deutschen Möglichkeiten gewesen wäre; sodann dass eine innenpolitische Orientierung nach links die schwierige Aufbauphase nach dem Krieg nicht gefördert, sondern gestört und gefährdet hätte. Die Politik des Schaukelns und Pendelns, unglückliches Kennzeichen der Weimarer Jahre, sollte sich nach Adenauers Willen nach 1945 nicht wiederholen. An diesem Kurs hielt er, gegen alle Kritik auch aus den eigenen Reihen, unbekümmert fest. Die Ereignisse bestätigten die Richtigkeit seiner Analyse. Adenauer, nicht in der Länderpolitik engagiert, bis 1949 ein relativ distanzierter Betrachter der politischen Szene, erkannte schärfer als andere die neue Situation des Ost-West-Konflikts und der weltpolitischen Polbildungen, die fortan die deutsche Politik bestimmen sollten; er zog daraus die Konsequenzen einer klaren Westintegration der freien Teile Deutschlands. Um die deutsche Politik auf dieser Linie zu stabilisieren, hat er ein bewegliches, oft gerissenes Spiel sowohl in seiner Partei als auch später im Bundestag gegen die SPD Kurt Schumachers gespielt; denn so einfach seine Politik in ihren Zielen war, so erfindungsreich war sie in ihrem personellen Instrumentarium und ihren taktischen Mitteln.

Kritiker haben darauf hingewiesen, dass Adenauers

Wortschatz bescheiden, seine Redeweise einfach, ja simpel gewesen sei. Das trifft zu. Viele unterschätzten ihn deswegen. In der Tat fehlt seinen Reden und schriftlichen Äußerungen phantasievolle Beweglichkeit und literarischer Glanz. Überall herrscht die kunstlose Genauigkeit, der nüchterne Geschäftsstil des Juristen. Doch hing dieser stilistische Grundzug aufs genaueste mit dem Charakter und der Arbeitsweise des Politikers Adenauer zusammen. Adenauer verfügte über eine reduzierende Intelligenz. Er schälte an jedem politischen Problem das Zufällige ab, bis der Kern bloßgelegt war. Dann entwarf er Technik und Taktik der Problemlösung. Von seiner Person sah er dabei ganz ab. Seine Äußerungen sind stets situationsbezogene Plädoyers, nicht Deutungen seiner Politik und seiner Persönlichkeit, und da ihnen das Bindemittel literarischer Selbstdarstellung fehlt, erscheinen sie dem Betrachter oft punktuell und spröde. Sie zwingen ihn in die verhandelte Sache hinein. Aber sie sagen wenig über die Person des Handelnden aus. Daher musste Adenauer jenen, die ästhetisch « in Politik schwelgen » wollten (F. Schlegel) und die vor Entscheidungen in eine faltenreiche und konsequenzlose Rhetorik auswichen, immer ein Rätsel – oder ein Greuel – bleiben.

Über den vielen Gelegenheiten und Zufällen, die Adenauers Politik begünstigten, darf das allgemeine Zeitklima nicht vergessen werden. Die Zeit war müde. Die weltpolitischen Träume Deutschlands waren nach dem Zweiten Weltkrieg, wie es schien, für immer ausgeträumt. Die Strapazierung öffentlicher Tugenden, die gewaltsame Totalpolitisierung durch ein zynisches Regime hatten eine allgemeine Leere hinterlassen, in der das Persönliche und Private fast naturnotwendig nach Revanche verlangten. Was lag näher, als dass man sich an einen Politiker hielt, dessen sachliche Nüchternheit wohltuend vom Maßlos-

Missionarischen der vorangegangenen Epoche abstach und dessen wortkarger Realitätssinn eine verlässliche Bürgschaft gegen neue politische Abenteuer zu sein schien?

So hat der patriarchalische Erzzivilist aus Köln der deutschen Politik nach 1945 die Richtung gewiesen – mit sparsamer Geste und dürrem Wort.

Hartmut von Hentig

Lili Marleen
«Wenn sich die späten Nebel drehn»

Unsere Großmutter hatte ein großes Radio – groß nicht nur durch seine Ausmaße und seinen Klang, sondern vor allem durch seine Reichweite. Wir hingegen im Souterrain ihrer bayerischen Villa – es diente uns als Ferienaufenthalt und temporäre Zuflucht vor den Fliegerangriffen auf unsere Stadt – hatten nur einen Volksempfänger. Und so machten denn Mia, unser Pflichtjahrmädchen, und ich uns allabendlich um viertel vor zehn tapfer auf den Weg in die *bel étage* und fragten die alte Dame, ob wir «kurz mal ein bestimmtes Lied» auf ihrem Apparat hören dürften. Wir hatten den Zeitpunkt sorgfältig geplant: Einige Minuten würden wir brauchen, um mit der Großmutter zu plaudern und sie erneut zur Gewährung des Gewünschten zu bitten, weitere Minuten, um zwischen Knacken und Pfeifen den entlegenen Kurzwellensender – Frequenz 31,65 m – zu finden, und schließlich eine halbe Minute, um mit dem kleinen Wonneschauer fertig zu werden, der uns regelmäßig befiel, wenn uns der Sender tatsächlich in die Fänge geraten war.

Als wir das erste Mal gekommen waren, hatte die Großmutter gezögert. «Ein Soldatenlied wollt ihr hören?» – Sie hasste diesen Krieg und die, die ihn über uns gebracht hatten. Außerdem meinte sie, um kurz vor zehn Uhr sollte ich meine Zähne putzen und zu Bett gehen, nicht Radio hören. Dass ich immerhin fast sechzehn Jahre alt war, wollte sie nicht wahrnehmen. Schließlich drohte sie halb im Ernst, halb im Scherz: «Dass ihr mir ja hinterher wieder ‹meinen Sender› einstellt!» Der hieß damals «Königswusterhau-

sen »; in seinem Programm war die Großmutter zu Hause –
bei «Tannhäuser» und «Tiefland», beim «Barbier von Se-
villa» und beim «Postillion von Lonjumeau». Aber neugierig war sie doch auf unser Lied – und weil sie den Ober-
sekundaner Hartmut so liebte wie das Kleinkind oder den
Knaben Hartmut ... «Das ist er!» unterbrach ich meine
Überlegung heftig – «der Soldatensender Belgrad.» Wir
hatten ihn erwischt – fern, leise und deutlich: die Trompete
mit dem Zapfenstreich, der das Lied präludierte. Wir drei
neigten uns vor und saugten die traurig-süße Melodie
ein, die feste, ebenso klangvolle wie kunstlose Frauenstim-
me, den trotzigen und fragenden, den doppelbödigen und
so gar nicht kriegerischen Text: « ... alle Leute sollen es sehen» und «Kamerad, ich komm ja gleich» und «Sollte mir
ein Leid geschehn, wer wird bei der Laterne stehn wie
einst, Lili Marleen?» Die Trennung am Kasernentor, das
Fern-von-zu-Hause-Sein, die nebelige Ungewissheit, der
unentrinnbare Marschtakt, das ganze «wie einst» – das
stand mir ja noch bevor, erfüllte mich mit Ahnung und
Bangen und verhüllte die Dürftigkeit der Landser-Lyrik.

Vorgetragen hat sie Liselotte Wilke, die sich als Kabaretti-
stin und Chanson-Sängerin Lale Andersen nannte. Indem
sie das Lied sang, mit dem sich der Soldat an Lili Marleen
wendet, wurde aus Lale Lili, und Lili Marleen wurde in
der Welt eine deutsche Gestalt – wie Schneewittchen oder
Uta von Naumburg, wie die Lorelei oder die «schöne
Müllerin», wie das «Fraulein» oder die «Trümmerfrau»,
ein dem Streit der Zeit, der Mächte, der Historiker ent-
zogener Mythos.

Den Soldatensender Belgrad, der sich bald «Lili Marleen
Sender» nannte, hörten nicht nur alle Deutschen in der
Heimat – sofern sie ein «großes Radio» hatten! –; ihn hör-
ten die Soldaten an allen Fronten; ihn hörten die Besatzer

und Besetzten in Frankreich und den Niederlanden, in Dänemark und Norwegen. Rommels Panzer-Truppen in Nordafrika präparierten ihre Funkgeräte so, dass sie mit ihnen «nach der Schlacht» ihr Sehnsuchts-Lied empfangen konnten. Da die Fahrzeuge nachts weit auseinandergezogen wurden, musste die Übertragung laut sein; weil sie laut war, hörte der Feind mit. Der kam im Schutz der Dunkelheit nah heran und forderte schließlich unumwunden: «Louder, please, comrade!» An Schießen dachte da keiner mehr. Nach der Besetzung Siziliens 1943 hörte ein kanadischer Kriegsberichterstatter einen Bauern, der dieses Lied sang. Es gefiel ihm. Er nahm es auf, übersetzte es, verbreitete es über die CBC, von der es in die BBC und in die Soldatensender der Alliierten gelangte. Und längst war es natürlich den sangesfreudigen Russen aufgefallen, überrumpelte von Murmansk bis ans Schwarze Meer die Politruks, die es schlecht mit dem vaterländischen Krieg vereinbaren konnten, wenn ihre Muschkoten das eingängige Lied des Feindes mitsummten, – so wenig wie die britische Öffentlichkeit es schätzte, wenn «Lili Marleen» in englischen Kasernen erklang, dort immerhin auf Englisch und von Männern gesungen.

Vollends war das Lied dem Wächter der deutschen Kriegsmoral, Joseph Goebbels zuwider. Es sei nicht heroisch, wirke «zersetzend», habe einen «Totentanzgeruch». Aber es war beliebt wie kein anderes, und Goebbels machte nicht nur Stimmung, seine Politik lebte auch von ihr. Erst als ihm einer seiner Beamten namens Hinckel 1942 meldete, Lale Andersen unterhalte briefliche Beziehungen zu jüdischen Freunden in der Schweiz, glaubte er zuschlagen zu dürfen. Lale Andersen bekam «Auftrittsverbot», beging einen Selbstmordversuch und wurde in der BBC als «verhaftet» gemeldet. Goebbels musste dieses «Gerücht» dementieren – obwohl doch kein Deutscher diesen Feindsender hören durfte! – und tat es am wirkungsvollsten, indem er die Verfemte in Fliegerhorsten, Lazaretten und Wunschkonzerten wieder auftreten ließ – ohne «Lili Marleen». «Ist Ihnen aufgefallen», wandte sich der englische Sprecher an die deutschen Hörer, «dass Sie dieses Lied schon längere Zeit nicht mehr auf Ihren Sendern gehört haben?» – und dann kam es – erst wie gewohnt, dann mit einem untergeschobenen Text, der auf ein «anderes Deutschland» zu hoffen empfahl. Die Stimme der Lale Andersen war dafür perfekt imitiert worden. In Deutschland sang diese Andersen: «Es geht alles vorüber, es geht alles vorbei. Auf jeden Dezember folgt wieder ein Mai.» Woran mag sie dabei gedacht haben?

1944 verzog sich Lale Andersen auf die Insel Langeoog, wollte die blonde, nordische, von Meer und Möwenschrei geprägte Sängerin mit den Nazis nichts mehr zu tun haben, denen sie elf Jahre zuvor noch gehuldigt hatte. Auch nichts mehr mit Norbert Schultze, der die geniale Melodie zu dem schlichten Gedicht von Hans Leip geschrieben hatte. Von ihm stammten ja auch die Melodien zu «Bomben auf Engeland» und zu «Führer befiehl, wir folgen dir».

Nach dem Krieg hat Lale Andersen noch viele Konzerte und manche Schallplatte mit ihren Seefrauen- und Seemannsliedern gefüllt. Immer wurde ihr «Lili Marleen» unbarmherzig als Zugabe abgetrotzt und sogar bei ihrer Beerdigung gegen ihre vorsorgliche Anordnung angestimmt: Die Menschen konnten noch 1972 alle vier Strophen des Liedes auswendig. Als Folter freilich dürfte Lale Andersen das nicht empfunden haben wie der von dem Filmemacher Rainer Werner Fassbinder wiederbelebte jüdische Freund der Lale Andersen. In seinem Film «Lili Marleen» haben die Nazis diesen über die Grenze gelockt und spielen ihm, um ihm ein Geständnis abzupressen, 24 Stunden am Tag «Lili Marleen» vor – bis zum Wahnsinn.

In diesem späten Film muss die Lale Andersen das Lied noch einmal für die Nazis singen, das sie in der Wirklichkeit nicht mehr singen durfte. Es wird nun endgültig ihr Lied: «Und sollte mir ein Leid geschehen, wer wird bei der Laterne stehen», wie *ich*, Lili Marleen.

Sybil Gräfin Schönfeldt

Maria Theresia
«Wenn wir einmal vor Gott erscheinen müssen»

Sie war noch nicht geboren, da hatte ihre Familie schon über die Aufgaben ihres Lebens entschieden und – weil sie einer Dynastie entstammte, die seit 1273 die Kaiser des Römischen Reiches Deutscher Nation stellte – über das Schicksal Europas. Maria Theresia, 1717 geboren, war die älteste Tochter des letzten männlichen Habsburgers, Karl VI. Er hatte 1713 die Pragmatische Sanktion erlassen, ein Staatsgrundgesetz, das die weibliche Nachfolge ermöglichte, aber vor allem bestimmte, dass die österreichischen Erblande für immer zusammen blieben. Karl ließ die Tochter unbelastet von den künftigen Aufgaben in Wien aufwachsen, bei Eltern, die überaus glücklich verheiratet waren – eine Seltenheit in den dynastisch bestimmten Ehen der Fürstenhäuser. Sie lernte das Übliche: Musizieren, Tanzen, Latein bei ihrem Jesuiten-Erzieher, Spanisch und Italienisch als Sprachen des Hofes, der noch vom Spanischen Hofzeremoniell bestimmt war, dazu Französisch, das die allgemeine Sprache der europäischen Aristokratie und der Wissenschaft zu werden begann.

Dem Vater wäre aus politischen Gründen eine bayerische Heirat lieb gewesen, er gestattete seiner Tochter jedoch, sich aus Liebe den zu erwählen, den sie seit Kindertagen kannte: Franz Stephan von Lothringen, damals Statthalter des Kaisers in Ungarn. Im Februar 1736 heirateten sie, bekamen rasch nacheinander drei Töchter und lebten in einer so verträglichen Ehe, wie Maria Theresia es von den Eltern kannte. Sie war der Ansicht – was sie auch später ihren Töchtern predigte –, dass sie sich in allem nach ihrem Manne zu richten habe, gerade weil sie einen so viel höheren Rang besaß. Und: «Alles Glück der Ehe besteht in Vertrauen und beständiger Gefälligkeit. Die törichte Liebe vergeht bald; aber man muss sich achten, sich gegenseitig nützlich sein. Der eine muss der wahre Freund des andern sein, um die Unfälle dieses Lebens ertragen und seine Wohlfahrt begründen zu können … Alle Ehen würden glücklich sein, wenn man sich so benehmen würde; aber alles hängt von der Frau ab.»

Europa im ausgehenden Barockzeitalter wurde von Fürsten, die meistens miteinander blutsverwandt oder verschwägert waren, wie von Grundbesitzern regiert, die mit ihren Schuppen und Gärten machen konnten, was sie wollten. Das 18. Jahrhundert war von Erbfolgekriegen durchtobt, bei denen zum endlichen Friedensschluss und bis zum nächsten Streit Länder und Inseln getauscht und an Prinzen-Bräutigame ohne Land verliehen wurden, so dass sich die Landkarten ständig änderten.

1765 starb Karl VI. plötzlich, vermutlich an vergifteten Pilzen, Maria Theresia trat, 23 Jahre alt, weder zum Regieren noch in der Kriegskunst erzogen, die Thronfolge an und war von einem Tag zum anderen Objekt in diesem Raub- und Tauschspiel. Sie ließ sich als Königin von Ungarn und danach von Böhmen in Pressburg und Prag krönen und huldigen, während die Kurfürsten den bayerischen Vetter zum Kaiser wählten und die übrigen sich anschickten, von den österreichischen Erblanden dies und das zu beanspruchen, was nun, wie sie dachten, unter der jungen, schönen und schwangeren Kaisertochter zu ihrer Verfügung stand.

Prinz Eugen, der Feldherr von Maria Theresias Vater, meinte, es wäre gescheiter gewesen, wenn Karl VI. seiner Erbtochter nicht Verträge und eine leere Kasse hinterlassen hätte, sondern ein paar kriegstüchtige Regimenter. Denn sie musste nun ohne ausreichende Ressourcen die zweite, die Hauptforderung erfüllen: ihre Erbländer zusammenzuhalten. Sie besaßen eigene Rechte, eigene Verwaltungen, und Maria Theresia, kurz vor der vierten Niederkunft, machte ihren Mann zum Mitregenten und beschloss «meine Unwissenheit nicht zu verstecken und einen jeden in seinem Departement anzuhören und mich recht zu informieren.» Ihre Ministerräte und Generäle, noch aus der Zeit ihres Großvaters und Vaters, verstärkten ihre Neigung zum vorsichtigen Bewahren, doch sie begann schon früh mit Reformen, auch um Wirtschaft und Handel zu fördern. Sie fühlte sich von Anfang an als Landesmutter und folgte ihrem Instinkt und ihrer praktischen Vernunft. Als ihr einmal zur Lösung bestimmter Angelegenheiten die Bildung einer eigenen Hofkommission vorgeschlagen wurde, schrieb sie unter den Antrag: «...nur keine Kommission mit villen Räthen...»

Die Gebote Gottes waren ihre obersten Prinzipien, und da sie einen untadeligen Lebenswandel höher schätzte als alles andere, da sie von einer heftigen Abneigung gegen den Krieg erfüllt war, Angriffskriege als gute Christin moralisch nicht für vertretbar hielt und in allen kritischen Situationen an «meine Völker» dachte wie an Kinder, die ihrer Obhut anvertraut waren, besaß sie in ihrem raffgierigen Jahrhundert die denkbar schlechteste Ausgangsposition. Zwar entwarf sie ein Sparprogramm, um Geld für das Heer zu haben, aber der junge König von Preußen rückte ohne Kriegserklärung in Schlesien und Böhmen ein, angeblich, um Maria Theresia zu schützen. Das war der erste Versuch, den Maria Theresia mit diplomatischer Kunst und mit dem Frieden von Breslau beenden ließ. Doch Friedrich II. gab nicht auf.

Er brach immer wieder Versprechungen und Verträge,

begann den Zweiten und dann den Dritten Schlesischen Krieg, den Siebenjährigen. Habsburg verlor Schlesien für immer. Das blieb Maria Theresia ein lebenslanger Schmerz, führte aber auch zu einer lebenslangen Einstellung: «Mich schaudert, wenn ich daran denke,» sagte sie 1767, «wieviel Blut während meiner Regierung geflossen ist. Nur die äußerste Not konnte mich dazu bringen, dass ich die Hand dazu bieten sollte, auch nur einen einzigen Tropfen zu vergießen.» Sie versuchte lieber, ihre Länder wie eine Familie und durch die eigene Familie zu sichern. In der ersten Hälfte ihrer Regierungszeit war sie fast ständig schwanger, aber so gesund, dass es sie nicht belastete, ob sie reisen oder repräsentieren musste oder an ihrem Schreibtisch saß und Briefe an Kinder, Schwiegerkinder, Generäle, Botschafter und Freundinnen schrieb, im fliegenden Windzug bei offenem Fenster, weil sie frische Luft liebte und es auch einmal auf ihre Briefe schneien ließ.

Sechzehn Kinder. Joseph, der Nachfolger, zu Beginn des Ersten Schlesischen Krieges geboren. Sechs Kinder starben früh, die anderen wurden so verheiratet, dass es die Habsburger Position im mittleren und südlichen Europa stärken, aber auch die Hoffnung auf eine glückliche Ehe nicht außer Acht lassen sollte. Maria Theresias Kinder wurden Herrscher in Sachsen und Frankreich, Parma und Toscana, im Königreich beider Sizilien und Este-Modena, eine Tochter wurde Äbtissin, der jüngste Sohn Kurfürst von Köln. Allen, auch dem kaiserlichen Sohn, schrieb die Mutter ständig pädagogische Briefe, die Moral und Lebensführung betrafen, vor Hochmut und Müßiggang, Glücksspiel und Schmeichlern warnten, zur Vorsicht vor falschen Ratgebern rieten, das Fahren in leichten Kutschen und das Reiten im Herrensitz während einer Schwangerschaft verboten und mit mehr oder weniger Erfolg auf die speziellen Schwächen und Fehler der Kinder eingingen, aber bei allem kritischen Scharfblick nie der liebevollen Herzlichkeit entbehrten.

Trotz aller Kriege: Familienglück und fürstliche Jagden, Hoffeste und Opernleidenschaft, Kinderbälle und Maskeraden, Konzerte und vor allem Schönbrunn, das Schloss des Großvaters, das sich Maria Theresia nach ihrem Gusto vollenden und köstlich einrichten ließ. Dagegen die Beschränkungen der Zeit: eine katholische Majestät, unfähig zur religiösen Toleranz, eine Neigung zur bigotten Bevormundung ihrer Landeskinder und schließlich die Ohnmacht gegenüber den ungeratenen eigenen.

Kurz nach dem Siebenjährigen Krieg, 1765, starb Maria Theresias Ehemann und Mitregent, der zu ihrer innigen Freude 1745 als Franz I. zum Deutschen Kaiser gewählt worden war. Sie trauerte bis zu ihrem eigenen Tode um ihn, trug immer nur Schwarz und nur Perlschmuck und hatte nun den Sohn, Joseph, zur Seite, der als des Vaters Nachfolger zum Kaiser gewählt wurde, in Österreich jedoch nur Mitregent war und der seiner Mutter durch seine Ungeduld und durch seine andere Einstellung zu Krieg und Reformen große Sorgen machte.

Das zeigte sich in den letzten beiden Kriegen. Wieder starb ein Souverän im falschen Moment: der polnische König, dann sein Erbe, dann dessen Sohn. Was sollte mit Polen geschehen? Russland und Preußen standen kriegs- und eroberungsbereit, ein neuer polnischer Nachfolger bat Maria Theresia um Beistand.

Sie war gegen Krieg und Teilung: «Ich verstehe eine Politik nicht, die erlauben soll, dass, wenn zwei sich ihrer Übermacht bedienen, um einen Unschuldigen zu unterdrücken, sich der Dritte das Recht nehmen darf, die gleiche Ungerechtigkeit zu begehen. Mir scheint das unhaltbar zu sein. Ein Souverain hat keine anderen Rechte als der Privatmann: wenn wir alle einmal vor Gott erscheinen müssen, um Rechenschaft abzulegen, wird die Größe und Stärke unseres Staates nicht in Rechnung gestellt werden.» Aber Joseph II. und sein Kanzler waren ebenso entschlossen, an der Teilung teilzunehmen, und endlich gab die Mutter dem Druck nach: «Was Polen betrifft, werden wir den König von Preußen nicht mehr daran hindern können, einen Teil an sich zu reißen. Russland wird auch seinen Teil nehmen, und uns bietet man auch einen gleichen an... Unter Privatleuten wäre ein Angebot dieser Art eine Beleidigung und seine Annahme eine Ungerechtigkeit...»

Dafür befahl sie dem Sohn, vornehmlich für das hinzugewonnene Herzogtum Galizien zu sorgen und ihm «bessere Einrichtungen» zu geben. Und dafür setzte sie im nächsten, im bayerischen Erbfolgekrieg mit List und Geduld ihre Position durch. Abermals der Tod eines Herrschers ohne Nachkommen und Josephs Anspruch – er war mit einer bayerischen Prinzessin verheiratet – auf das Nachbarherzogtum. Und abermals Unruhe in Europa, weil dieser Landzuwachs einen fast geschlossenen Block zwischen Ungarn und den Habsburgischen Niederlanden ergeben hätte. Friedrich zog abermals Truppen zusammen. Joseph ebenfalls, aber Maria Theresia hielt die Rechtslage für unklar, das Gewissen verbot ihr, «unseres eigenen Vorteils willen einen allgemeinen Brand zu entzünden». Deshalb machte sie Friedrich ein Friedensangebot und nahm damit den Zorn ihres Sohnes auf sich, der ihr zu ihrem Kummer danach grollte. Aber sie war der Ansicht: «Kein Opfer ist zu groß, um dieses Unglück noch rechtzeitig zu verhüten. Bereitwillig werde ich mich zu allem herbeilassen, selbst zur Erniedrigung meines Namens. Man mag mich albern, schwach und kleinmütig schelten – nichts soll mich zurückhalten, Europa aus dieser gefahrdrohenden Lage zu befreien.»

1779 endete dieser Noch-Nicht-Krieg mit einem förmlichen Frieden. Maria Theresia war alt geworden, schrieb einer Freundin: «Ich bin sehr fett... auch rot, besonders seit den Blattern, aber die Füße, Brust, Augen gehen zugrunde; erstere sind sehr geschwollen.» Und sie schloss: «Ich kann mich nicht beklagen; der Mensch muss aufhören.»

Sie starb nach einem kurzen Krankenlager am 29. November 1780 in den Armen Josephs, ihres ältesten Sohnes.

Hartmut von Hentig

Königskinder
Um den Grad der Unterwerfung zu prüfen

«Was möchtest du haben?» «Einen Prinzen.» «Und was möchtest du sein?» «Dessen Prinzessin.» – Noch immer träumen Bürgerkinder den Traum von den Königskindern. Und darum erzähle ich ihnen heute von einer wirklichen Prinzessin, der Wilhelmine von Preußen, und von einem wirklichen Prinzen, ihrem Bruder Friedrich.

Sie hatte *er* sein sollen. Drei Könige mit Namen Friedrich waren 1709 in Berlin versammelt – der regierende Großvater Friedrich I. von Preußen, Friedrich IV. von Dänemark und Friedrich August von Polen und Sachsen. Sie hoben nun ein Mädchen aus der Taufe. Friedrich, der ersehnte männliche Enkel, kam erst zweieinhalb Jahre später zur Welt – gerade noch rechtzeitig, um vom Großvater Namen und Segen zu erhalten.

Fürsten haben Söhne vornehmlich, um die Erbfolge zu sichern, gar um «die Prätensionen und Länder herbeizuschaffen», die ihrem Hause «von Gott und Rechts wegen zugehören», wie Friedrichs Vater seinem «Sukzessor» auferlegte; Töchter haben sie, um diese zu verheiraten und dadurch vorteilhafte Bindungen zwischen den Herrscherhäusern zu knüpfen.

Auch Wilhelmines und Friedrichs Eltern hatten solches im Sinn und gaben 14 Kindern das Leben, ohne einander zu lieben. Für die Kinder brachten sie emsige Fürsorge auf und eine strenge Erziehung. Mit acht Jahren war Wilhelmine noch zu jung, um an den Verhandlungen über eine Doppelhochzeit teilzunehmen, die sie mit dem Herzog von Glocester, dem späteren Prinzen von Wales, und Friedrich mit dessen Schwester Amalie verbinden sollte; aber sie war schon alt genug, um dem durchreisenden Zaren von Russland, Peter (dem Großen) wohleinstudierte Schmeicheleien über seine Flotte und seine Siege zu sagen, so dass er sie entzückt auf den Arm nahm und ihr das ganze Gesicht mit Küssen «schund» (schändete). Sie wehrte sich mit Ohrfeigen und rief: «Sire, Sie tun mir Schimpf an!», was ihn nur um so mehr vergnügte. Von ihrer Mutter wurde sie gegen deren Feinde bei Hof eingesetzt: Sie bekam den Befehl, diese sichtbar zu missachten. «Aber ich verbiete dir, irgendjemand zu sagen, dass ich es dir befohlen habe!» fügte die Mama hinzu.

Die Erziehung der Königskinder wurde Personen übertragen, die man danach ausgesucht hatte, wie geeignet und bereit sie waren, die Prinzen und Prinzessinnen auszuhorchen und dem König täglich zu berichten, was in den Gemächern der Königin vor sich ging. Der Unterricht begann um acht und galt vornehmlich der Religion und den Sprachen; er dauerte, nur durch die Mahlzeiten unterbrochen, bis abends zehn. Das Lernen bestand im Hersagen des Vorgesagten oder Vorgeschriebenen. In unregelmäßigen Abständen kam der König, um zu examinieren. Einmal, als Wilhelmine gerade den Katechismus auswendig lernte, fragte er sie – nein, nicht nach diesem, sondern – nach den Zehn Geboten. Wilhelmine geriet ins Stocken; die Lehrmeisterin wurde heftig gescholten; diese gab – kaum war der König fort – ihren Unmut mit Fausthieben ungehemmt an ihren Zögling weiter, den sie auch sonst gern schlug. «Verdient ein Gedächtnisfehler solche Misshandlung?» fragte sich das Kind, das, von der Mutter im Stich gelassen, «alle Nächte weinte». Den größten Teil von diesen verbrachte man freilich ohnedies in Erwartung des Vaters, der nach den Regierungsgeschäften und der nachmittäglichen Jagd zunächst in die Tabagie ging; von dort kam er häufig erst um vier Uhr morgens zurück und wünschte dann von seiner Familie empfangen zu werden. Von den Mahlzeiten stand man hungrig auf; Bücher durfte Wilhelmine nicht lesen, geschweige denn besitzen; bei Tisch gab es keine Gespräche außer über Soldaten und Sparsamkeit. Die einzige «Erholung» der kleinen Wilhelmine war ihr der Bruder Friedrich – «der liebenswürdigste Prinz, den man sehen konnte, schön, hübsch gewachsen, voll Geistesüberlegenheit und mit allen Eigenschaften versehen, die einen vollkommenen Fürsten zieren.» So notierte sie in ihren «Denkwürdigkeiten».

Friedrichs Prinzenerziehung begann mit vier Jahren. Ein Franzose wurde bestellt, der dem Kleinen das Kartenlesen, die biblische Geschichte, das Rechnen und die wichtigsten Ereignisse der letzten hundert Jahre beizubringen hatte. Mit sieben bekam er militärische Instrukteure. An Wochentagen stand er um sechs auf; den Tee und das Frühstück hatte er während des Frisierens einzunehmen; es folgten das Gebet und die Lesung eines Kapitels aus der Bibel, vier Stunden Unterricht am Vormittag, drei am Nachmittag; dazwischen begleitete er drei Stunden lang den König. Liebe zum Sohn kam dabei in diesem nicht auf, ja, der König hasste ihn und demütigte ihn, wo er konnte, schlug ihn – vor allen Leuten – mit dem Stock und verlor jede Contenance, weil der Prinz sich zu unterwerfen weigerte, von der Mutter in der Widersetzlichkeit bestärkt. Als der König den Vierzehnjährigen in den Kerker zu sperren drohte, erhielt Wilhelmine von der Mutter den Auftrag, den Entwurf einer Kapitulation für ihren Bruder zu schreiben. Es kam auch ohne diese zu einer Versöhnung, die einige Wochen währte, bis die Politik den Prinzen erneut ins Kreuzfeuer nahm. Die Hoffnung der Mutter auf eine englische Heirat war zur Hoffnung des Sohnes auf englische Freiheit geworden.

Eine öffentliche Züchtigung durch den Vater bestimmte den Entschluss des Achtzehnjährigen, aus dem Lande zu fliehen. Zwei junge Freunde, von Keith, der Page des Königs, und von Katte, ihm persönlich zugeordnet, trafen die Vorbereitungen mit Mut und Umsicht, der letztere mit etwas zuviel Eifer und zuwenig Vorsicht. Die Flucht sollte geschehen, während der König außer Landes reiste. Aus Misstrauen nahm dieser den Kronprinzen mit – unter heimlicher Bewachung. Als der auf dem Pferdemarkt von Sinzheim in französischer Kleidung die Fluchtpferde besteigen wollte, verhafteten ihn die Offiziere seines Vaters. Eine unglücklich fehlgeleitete Sendung an Katte gelangte in die Hände des Königs und lieferte das Beweismaterial. Keith entkam, Katte nicht.

Als Friedrich seinem Vater anderntags zugeführt wurde, stürzte sich dieser auf ihn, riss ihm die Haare aus, schlug ihn augenblicks blutig und würde ihn erdrosselt haben, hätte General Waldow den Sohn nicht seinen Händen entrissen. Man brachte ihn zu Schiff nach Wesel, wohin der König, seine Reise fortsetzend, gelangt war. Dort unterzog dieser den Sohn einem ersten Verhör: «Warum hast du desertieren wollen?» «Weil Sie mich nicht wie einen Sohn, sondern wie einen Sklaven behandelt haben.» «Du *bist* einer – ein feiger Ausreißer, der weder Ehre noch Mut hat.» «Deren hab ich soviel wie Sie. Ich tat nur, was Sie, wie Sie mir hundertmal gesagt haben, an meinem Platz getan haben würden.» Der König, hierdurch aufs äußerste gereizt, zog seinen Degen und würde den Prinzen durchbohrt haben, hätte sich nicht wieder ein General dazwischengeworfen. Seit diesem Tag verhinderte man, dass Vater und Sohn zusammenkamen.

Der König war entschlossen, den «Prinzen von Preußen» in einem Hochverratsprozess zum Tode verurteilen zu lassen – nicht ohne ihn vorher seelisch gebrochen zu haben: Die Enthauptung des Leutnants von Katte habe vor dessen Augen stattzufinden; dass jener nicht mit glühenden Zangen zerrissen und gehenkt werde, wie er es verdiene, sei ein Gnadenerweis gegen seine Familie. Aus dem Fenster seiner Zelle in der Festung Küstrin blickend, sah der Kronprinz, wie man die Vorkehrungen dafür traf, und hielt sie für die zu seiner eigenen Exekution. Er bedachte sie mit Spott und Hohn, seine Schwester hingegen mit zärtlicher Dankbarkeit und Worten des Trostes, die zu schreiben und zu expedieren ihm mitleidige Wachen ermöglichten: «*Chi ha tempo, ha vita*! Mögen jene glücklichen Tage zurückkehren, wo dein *principe* und seine *principessa* sich küssten! ... Lebe wohl. Der Gefangene.» Man zwang ihn, an das eigens vom Gitter befreite Fenster zu treten; er sah den Freund und rief ihm erregt zu: «Mon cher Katte, je vous demande mille fois pardon!» «Il n'y a rien à pardonner!» rief Katte zurück, kniete auf dem aufgeworfenen Sandhügel nieder, nahm die Perücke ab, ließ sich den Rock ausziehen, öffnete den Hemdkragen und betete: «Herr Jesu, Dir lebe ich ...» Der Todesstreich unterbrach seine Worte. Der Kronprinz fiel zurück in die Zelle – in Ohnmacht. Man hatte ihm einen Rock gebracht, der aus dem gleichen Tuch gefertigt war wie der Kattes. Er soll ihn weitergetragen haben, bis er ihm stückweise vom Leibe fiel.

Nach einem Rundschreiben an alle europäischen Höfe, das sie beschwichtigen sollte, indem es eine Erklärung am Schluss der Untersuchung in Aussicht stellte, erhöhte sich nur deren Druck auf den König. Berichte des Feldpredigers Müller von einem Gesinnungswandel des Prinzen; der tapfere Einspruch der Hofmeisterin Gräfin Finckenstein, bisher habe er sich etwas darauf zugute getan, ein gerechter und frommer Herrscher zu sein, nun werde er zum Tyrannen, der Gottes Zorn zu fürchten habe; am wenigsten wohl das tapfere Opfer der Prinzessin Wilhelmine: sie werde sich dem Willen des Königs fügen und den verabscheuten Herzog von Weißenfels heiraten, wenn nur ihrem Bruder das Leben geschenkt werde – dies alles stimmte den König allmählich um. Zwei Monate nach der Einlieferung in die Festung ließ er dem «Oberst Fritz» mitteilen, er könne ihm zwar noch nicht verzeihen, werde aber Gnade walten lassen. Erst weitere neun Monate später hat er es über sich gebracht, den Sohn wiederzusehen. Kaum steht dieser vor ihm, unterzieht er ihn abermals dem alten Verhör – mehr um den Grad der Unterwerfung zu prüfen als die Aufrichtigkeit. Aber auch sie tut das Ihre, ihn zu bewegen: «Hast du Katten verführt oder er dich?» «Ich habe ihn verführt.» «Es ist mir lieb, dass Ihr einmal die Wahrheit sagt.» Dreimal wirft sich Friedrich während des Gesprächs dem König zu Füßen. Es ist des Königs Geburtstag. Als der König das Gouvernementshaus verlässt, in das er den Sohn befohlen hat, umarmt er diesen im Angesicht der Menge und fährt ab. Friedrich lässt er als Domänenverwalter und frei zurück.

Am 31. Mai 1740 stirbt der König. Der neue König, Friedrich II., versammelt am Tage danach seine Generäle und hält die folgende Rede:

«Ich weiß, welch schweren Verlust Sie erlitten haben. Sie kennen den meinigen. Sie haben einen König und Herrn verloren, den Sie, ich zweifle nicht daran, ebenso geliebt haben, wie er Sie liebte. Ich verliere in ihm noch einen Vater. Wir müssen suchen, uns über den gemeinsamen unersetzlichen Verlust zu trösten: ich in der Hoffnung, dass Sie mir beistehen werden, die schöne Armee zu erhalten, die Sie meinem Vater haben bilden helfen; Sie in der Zuversicht – ich verspreche es Ihnen –, in mir einen Herrn zu finden, der Sie nicht weniger liebt als der Verstorbene, der sich mit Vergnügen erinnert, Ihr Kamerad gewesen zu sein, und der den Diensten, die Sie ihm leisten werden, die gebührende Anerkennung nicht versagen wird. Tragen Sie daher unablässig Sorge um die Schönheit und Tüchtigkeit meiner Truppen. Doch behalten Sie hierbei immer zwei Dinge im Auge: das eine, dass ich sie noch lieber gut als schön sehen möchte, und das zweite, sie sollen mein Land beschützen, nicht verderben. Denn, meine Herren – und das lassen Sie sich ein für allemal gesagt sein –, gegen einige von Ihnen, ich weiß ihre Namen, liegen Klagen über Härte, Habsucht, Übermut und andre eines Führers unwürdige Eigenschaften vor. Sorgen Sie dafür, dass ich es vergessen darf. Und nun noch eins, meine Herren, seien Sie dessen stets eingedenk: Es ist die Pflicht eines guten Soldaten, ebensowohl menschlich und vernünftig zu sein als unerschrocken und brav. Ich ermahne Sie als Ihr König, danach zu handeln; ich rate es Ihnen als aufrichtiger Freund; ich bitte Sie darum als treuer Kamerad.»

Wer sich ein Schicksal erträumt, wird seinen Traum nicht «Prinz und Prinzessin» nennen, wenn er weiß, wie Königskinder aufwachsen.

Jochen Missfeldt

Brunhilde, Siegfried, Gunther, Kriemhild
Trotz Tarnen und Täuschen kam alles heraus

Den Kampf gegen die schöne starke Brunhilde von Island habe ich verloren, Anno Domini 900. Um Haaresbreite hätte ich dabei mein Leben lassen müssen. Aber den Ring, der alles weiß, konnte ich ihr entreißen. Nun steht er mir, das heißt dem Volk, zur Verfügung. Nun heißt es für uns Glücksritter mit Hilfe des Ringes neues Glück suchen. Nach sieben Jahren stürmischer Meerfahrt finden wir die Rheinmündung, und dann sind es noch zwölf Tage stromaufwärts bis Worms. Das ist die Hauptstadt von Burgund. Niemals hat jemand eine schönere Stadt gesehen.

Warum geht es hier so festlich zu, warum sind die Leute so fröhlich, frage ich den Ring. Er antwortet: Weil Kriemhild und Siegfried auf Staatsbesuch sind. Kriemhild, die Schwester des Königs Gunther von Burgund, ist seit ihrer Verheiratung mit dem starken und schönen Siegfried nicht mehr zu Hause gewesen.

Der Name Siegfried hat bei Kriemhilds Landsleuten einen guten Klang. Siegfried, der einem kleineren Königreich am Niederrhein entstammt, hat Heldentaten vollbracht und Siege für König Gunther erfochten. Niemals hat irgendjemand einen so starken und schönen Helden gesehen. Er ist ein Götterliebling, vielleicht sogar ein Göttersohn, so hält der Ring uns auf dem laufenden. Kein Wunder, dass Kriemhild damals, als Siegfried zum ersten Mal in Worms war, jeden Tag ein bisschen mehr in ihn verliebt war. Mehr noch: Siegfried hat dem König Gunther die schöne starke Brunhilde als Frau gewonnen und untertan gemacht; die Frau aus Island, die meine

Kräfte überforderte. Gunther ist also aufgrund von Siegfrieds Heldentaten ein mächtiger Herrscher. Niemals hat es irgendwo einen so mächtigen Herrscher gegeben. Herrlich ist das Land: leicht wie sein Wein, schwer wie die Rhein-Musik, die sich Tag und Nacht die verschiedenen Weinbergpfade hochschlängelt, hoch hinauf zu den felsigen Anhöhen, den Plätzen der alten Götter. Wir sind unten in der wunderbaren Stadt Worms, mitten im Festtrubel. Zu bewundern sind die vielen Helden auf dem Kampfplatz, die zur allgemeinen Unterhaltung laut ihre Speere und Schilde aufeinanderkrachen lassen. Zu bewundern sind die prächtigen Gewänder der reichen Damen und Herren. Es glänzt die Seide aus Salamanca, es glänzen die Edelsteine aus Indien. Zu bewundern sind die Gerüche. Es duften die Stoffe aus Libyen und Marokko. Wir kriegen aber auch den Geruch der vielen Armen in die Nase und sehen die Scham und den Hass in ihren Gesichtern.

Da kommen Kriemhild, die Frau des starken schönen Siegfried, und Brunhilde, die Frau des mächtigen Königs Gunther. Die Kampfspiele haben Pause, die Reichen und die Armen machen eine Gasse und sind mucksmäuschenstill. Kriemhild geht Brunhilde durch die Gasse voran und schreitet als Erste die zwölf Stufen zum Münster empor. Das entspricht nicht der feinen Art. Kriemhilds Unverschämtheit werden später viele Menschen mit dem Leben bezahlen müssen, sagt uns der Ring.

Um das Maß der Frechheit voll zu machen, fängt die schön gekleidete Kriemhild auch noch als erste zu sprechen an. Sie ruft der ebenso schön gekleideten Brunhilde in aller Öffentlichkeit zu: Eigentlich müsste mein Siegfried hier König sein. Das ist meine feste Überzeugung, und ich sage das, obwohl König Gunther mein lieber Bruder ist. Brunhilde antwortet, wie es sich für die Frau des Königs geziemt: Warum denn das, werte Kriemhild;

denn schließlich ist dein Siegfried nur ein kleiner König und Untertan meines Mannes, des großen Königs von Burgund. Infolgedessen bin ich Siegfrieds und Kriemhilds Herrin. So ist die Lage.

Der öffentliche Streit der beiden Frauen endet im Unglück. Ihre Anliegen sind hoch und spitz. Zuletzt schreien sich die Damen an. Und in diesem Geschrei hören wir Kriemhild prahlen, ihr starker Siegfried habe anstelle von Gunther die Hochzeitsnacht mit Brunhilde verbracht, weil Gunther zu schwach gewesen sei. Einzig und allein Siegfried habe ihr, Brunhilde, die göttliche Unschuld geraubt.

Kein Königshaus kann mit solchen Behauptungen leben; seien es Unterstellungen, seien es Enthüllungen. Jedes Staatsschiff fängt da zu schwanken an. Der königliche Kanzler muss sich was einfallen lassen. Und dadurch werden dereinst viele strahlende Augen dunkel und nass von Tränen sein, sagt der Ring.

Lauschen wir dem Ring: Kriemhild hatte allen Grund, so unverschämt zu sein; denn Siegfried hat sie nie geliebt. Seine Liebe galt von Anfang an Brunhilde, und Brunhildes Liebe galt von Anfang an nur ihm. Tatsächlich hat Brunhilde nur mit Siegfried gern geschlafen; mit Gunther war alles nur Pflichtübung gewesen. Und bei Siegfried war es genauso. Trotz Tarnen und Täuschen kam eines Nachts alles heraus, als Siegfried in so einer Pflichtübung laut und deutlich und in unschuldiger Lust den Namen Brunhildes rief.

Nach dem Zwischenfall vor dem Münster ist der Mord an Siegfried nur noch eine Frage der Zeit. Die Gründe dafür liegen auf der Hand, so munkelt das Volk, dem wir uns durch den Ring verbunden wissen. Die Verletzung Brunhildes durch Kriemhild sei der Anlass, Staatsräson sei der tiefere Grund gewesen. Wie nun Siegfrieds Leiche von traurigen Trägern vor das Münster getragen und der öffentlichen Trauer anheimgestellt wird, sind wir mit Volk und Ring dabei und sehen den königlichen Kanzler an der Totenbahre blutige Tränen weinen; er ist es also gewesen.

Da kommt Brunhilde wie eine Walküre angeschossen. Sie geht vor dem toten Siegfried in die Knie und schluchzt über seiner linken Hand. Dann aber fasst sie sich und steht auf und blickt wild entschlossen um sich. Sie sieht den Ring an meinem Finger und entreißt ihn mir, wie ich ihn ihr entrissen hatte, einstmals im fernen Island. Wir Volk müssen nun auf ihr Geheiß den Scheiterhaufen errichten und Siegfried drauftun. Dann müssen wir Feuer an allen vier Ecken legen. Brunhilde hat den Ring in der Rechten, holt weit aus und schleudert ihn in den Rhein. Und während Brunhilde Anlauf nimmt und sich zu Siegfried in die Flammen stürzt, legt sich ein goldener Schimmer über den Rhein. Wir hören auch die Rhein-Musik, und dabei haben wir eine riesige Waberlohe zu bewundern.

Barbara Beuys

Hildegard von Bingen
«Nicht im Traum und nicht im Rausch»

Hildegard von Bingen ist im Jahre 1098 nahe Alzey in der Pfalz, südöstlich vom heutigen Bad Kreuznach, in eine adlige Familie geboren worden und 1179 im biblischen Alter als Äbtissin in ihrem Kloster auf dem Rupertsberg oberhalb von Bingen gestorben. Als christliche Prophetin, als Komponistin, als Kennerin von heilenden Kräften der Natur hat diese Frau seit den letzten Jahrzehnten des 20. Jahrhunderts in Europa, in den USA wie in Australien eine steile Karriere gemacht. Unter ihrem Namen wird Kosmetik und Medizin verkauft, werden Ratschläge zur gesunden Ernährung gegeben, und viele moderne Menschen erhoffen sich aus den Büchern, in denen sie ihre Visionen aufgezeichnet hat, spirituelle Wegweisung.

Das schriftstellerische Werk Hildegards ist umfangreicher als das irgendeiner Frau vor ihr und Jahrhunderte nach ihr. Selbst von kaum einem Mann des Mittelalters ist ein so umfangreiches Textwerk überliefert. Und von keiner Frau vorher oder nachher gibt es eine solche Vielzahl Kompositionen: ein Musik-Drama und rund siebzig Gesänge.

Hildegard lebt in einem Zeitalter des Wandels. Im 11. und 12. Jahrhundert gibt es keinen Lebensbereich, in dem nicht tiefgreifende Veränderungen stattfinden. Das Klima erwärmt sich, und die Bevölkerung in Nord- und Westeuropa wächst dramatisch. Die Bauern nutzen in der Landwirtschaft produktivere Techniken. Mehr denn je werden Wälder gerodet, Weinberge angelegt, Dörfer gegründet. Die ersten mittelalterlichen Städte entstehen. Dort wach-

sen bürgerliche Freiheiten, entwickelt sich eine Bürger-
kultur und bildet sich ein Wirtschaftssystem heraus, das
vom Wettbewerb und vom Geld bestimmt wird.

Die Religion, die im Mittelalter im Zentrum des persönlichen Lebens wie der Gesellschaft steht, erfährt ebenfalls
wesentliche Umbrüche. Kirchliche Institutionen und Au-
toritäten werden nicht mehr fraglos akzeptiert. Eine neue
Frömmigkeit gilt nicht mehr dem traditionellen Herrscher-
Gott. Jetzt suchen die Christen ihr Heil in Christus, dem
menschgewordenen Gott, und finden im irdischen Leiden
des Gekreuzigten Trost für die eigenen Nöte.

Den Frauen bietet sich die Chance, ihre religiösen Be-
dürfnisse in vielfältigen Formen zu leben. Sie schließen
sich Wanderpredigern an oder gehen als Eremitinnen in
die Einsamkeit oder richten eigene geistliche Gemein-
schaften ein. Sie drängen wie nie zuvor in die Klöster, was
bisher fast nur Männern vorbehalten war.

Hildegard von Bingen ist ein Kind dieses Zeitgeistes.
Als sie vierzehn Jahre alt ist, 1112, übergeben die adligen
Eltern sie einer kleinen religiösen Gemeinschaft von jun-
gen Frauen, die im Benediktinerkloster auf dem Disi-
bodenberg westlich von Sobernheim, wo der Glan in die
Nahe fließt, Aufnahme findet. 1136 wird sie die geistliche
Leiterin dieser Gruppe.

Seit ihrer Kindheit ist ihr immer aufs neue ein «strah-
lendes Licht» erschienen – ihr, die seit der Kindheit und
lebenslang von schmerzhaften Krankheiten geplagt wird.
Das «strahlende Licht» ist Gottes Sendbote, der ihr die
Augen für den Kosmos und den Himmel öffnet und sie
eindringliche visionäre Bilder sehen lässt. 1138 hört sie
erstmals im Zusammenhang mit den Visionen eine
Stimme, die ihr befiehlt: «Schreib auf, was du siehst und
hörst!»

Der Abt ihres Klosters und der Erzbischof von Mainz

begutachten schriftliche Proben ihrer Visionen positiv. Schließlich erhält sie den Segen der allerhöchsten Autorität auf Erden: Im Jahre 1147 kommt der Papst aus Rom zu einer Synode nach Trier. Er wird über die Prophetin informiert, prüft ihre Schriften und bestätigt, dass die Visionen göttlichen Ursprungs sind. 1151 beendet sie ihr erstes Visionsbuch, das den Titel «Scivias» trägt – «Wisse die Wege». Dieses Buch und alle ihre weiteren Bücher sind lateinisch geschrieben.

Gut ein Jahr zuvor hat sie das Kloster auf dem Disibodenberg verlassen und auf dem Rupertsberg oberhalb von Bingen ihr eigenes Kloster gegründet. Vom Rupertsberg blickt sie auf den Rhein und auf Straßen, die Europa von Nord nach Süd und von Ost nach West durchziehen. Die Pfalz in Ingelheim, wo Kaiser Friedrich Barbarossa gern Hof hält, ist fast in Sichtweite. Wenn Hildegard sich hier niederlässt, will sie bewusst in der Öffentlichkeit wirken und mit denen kommunizieren, die in Staat und Kirche führend sind.

Dem Buch «Scivias» folgen zwei weitere umfangreiche Visionsbücher.

Ein Buch Hildegards hat ein völlig anderes Thema. Sie nennt es «Die Feinheiten der verschiedenen Naturen der Geschöpfe». Bald nach ihrem Tod wird es als zwei getrennte Schriften auftauchen: «Naturkunde» und «Heilkunde». Das Original ist verschollen. Auf dieses naturwissenschaftliche Manuskript gründet sich ihr Ruf als «Medizinerin», auch wenn sie dies im modernen Sinn des Wortes nie gewesen ist.

In «Naturkunde» und «Heilkunde» widmet sich die Prophetin unvoreingenommen den Erscheinungen der Natur – ob es sich um eine Mondfinsternis handelt oder um die bei Krankheiten hilfreichen Kräfte von Pflanzen und Steinen, um die Sexualität der Fische oder die der

Menschen. Damit gehört Hildegard von Bingen zur intellektuellen Avantgarde des 12. Jahrhunderts: Weltliches Forschen löst sich aus dem Bannkreis der Theologie.

Hildegard betont in ihren Büchern, dass sie auch ihre Visionen «nicht im Traum und nicht im Rausch» erlebt hat, sondern «hellwach, mit offenen Augen».

Es gehört zur Wesensart dieser Frau, dass sie ständig in Bewegung ist, sich immerzu neue Arbeit und Verantwortung auflädt. Nicht nur empfängt sie viel Besuch in ihrem Kloster, sondern sie unternimmt, noch im hohen Alter, Predigtreisen quer durch Deutschland.

Die Äbtissin korrespondiert mit anderen Äbtissinnen und mit Kirchenfürsten, mit Kaiser und Papst. Bischof Heinrich von Lüttich schreibt ihr: «Weil ich, geliebte Schwester, weiß, dass Gott wirklich mit dir ist, ermuntere und bitte ich deine Heiligkeit durch sein Erbarmen, mir, dem Haltlosen, der zu dir Zuflucht nimmt, die Hand zu reichen.»

Hildegards Trost gilt dem mächtigen Bischof wie dem anonymen Briefschreiber: «Nun höre, du glücklicher Mensch: Gott hat dich nicht geschaffen, dass du ganz zugrunde gehst. Schau vielmehr eifrig auf Ihn, und du wirst in Ewigkeit leben.»

Hildegard von Bingen ist – entgegen landläufiger Meinung – nicht heiliggesprochen worden. Doch die Erinnerung von Christen und Nichtchristen an sie ist auch nach über achthundert Jahren noch lebendig.

Leonie Ossowski

Die Nichtgefragthabenden
Wer weiß, wofür es gut war

Dreißig Jahre lang hat Pawel sie nicht gesehen. Er muss die Augen zusammenkneifen, um in der älteren Frau vor ihm das damals siebzehnjährige Mädchen zu erkennen. «Ja, ja, ich bin's», sagt die Frau, «die Olga. Erinnern Sie sich nicht mehr an mich?» Ihr unbekümmertes Lachen stürzt ihn in die Erinnerung. Statt zu grüßen, kann er nur mit dem Kopf nicken.

Olga streckt Pawel die Hand hin. «Ich hab Sie gesucht», sagt sie, «und ich hab Sie gefunden.»

Pawel zuckt zusammen. Damals hatte man ihn auch gesucht, nur Gott sei Dank nie gefunden.

«Ich habe immer nach Antek gefragt», sagt Olga, «und schließlich erfahren, dass Sie jetzt Pawel heißen. Warum haben Sie Ihren Namen geändert?»

Pawel hebt Schultern und Hände, als habe er darauf keine Antwort. Nur ein Grinsen zieht für Sekunden über sein Gesicht, ein Grinsen, das Olga unsicher macht, obwohl er sie jetzt in sein Haus bittet.

«Ich möchte Sie nicht stören», sagt sie und hat Mühe, Pawel nicht mit Antek anzureden, «aber ich wollte Sie bei meinem ersten Besuch in Polen gern wiedersehen.» Inzwischen haben beide die Stube betreten und Olga packt kleine Geschenke aus ihrer Tasche auf den Tisch. Kaffee hat sie mitgebracht, guten englischen Tabak, und Schokolade. Pawel ruft auf polnisch ein paar Worte in den Flur, und Olga hört eine Frau antworten.

«Sind Sie verheiratet?»

Pawel nickt stumm.

Und weil das Gespräch nicht recht in Gang kommen will, Pawel weder seine Frau hereinholt noch die Mitbringsel zur Kenntnis nimmt, beginnt Olga ein wenig zu laut draufloszureden.

Pawel gehöre nun einmal in die Zeit ihrer Jugend, sagt sie. Bei ihm habe sie immerhin vor ihrer Landwirtschaftslehre Trecker fahren und Maschinen bedienen gelernt. Sie erinnere sich, in seiner Gegenwart das erste Feld gepflügt und hochgestapelte Heuwagen von der Wiese in die Scheune gefahren zu haben. Stunden hätte sie mit ihm auf dem Traktor verbracht, und die habe sie alle noch gut im Gedächtnis. Pawel nickt ohne ein Lächeln, und ohne ein Wort der gemeinsamen Erinnerung.

«Sie waren der erste», sagt Olga jetzt etwas langsamer, «der mir davon erzählte, wie die Polen von ihren Höfen verjagt, geschlagen und aus nichtigen Gründen erschossen oder ins KZ gebracht wurden. Kinder verloren dadurch nicht nur ihr Zuhause und ihre Eltern, sie mussten auch Mord und Totschlag mit ansehen. Sie erzählten mir auch, wie zwölf polnische Lehrer der polnischen Dörfer jenseits der Grenze, nur ein paar Kilometer von meinem Elternhaus entfernt vor ihren Schulen erschossen worden waren.»

Pawels Gesicht zeigt plötzlich einen Hauch von Interesse. «Was haben Sie denn mit meinen Informationen damals angefangen?» will er wissen, während sich seine alten Hände ineinanderlegen, als fände er an ihnen Halt.

«Nichts», antwortet Olga eine Spur zu schnell und blickt Pawel geradewegs ins Gesicht, «was sollte ich Ihrer Meinung denn als Halbwüchsige damit anfangen?» Da ist es wieder, dieses Grinsen, macht sich zwischen den Falten in Pawels altem Männergesicht breit und verschwindet auch nicht, als jetzt seine Frau mit belegten Broten, Gurken, eingelegten Pilzen und Wodka die Stube betritt.

Pawel schiebt die Geschenke beiseite, und als der von Olga mitgebrachte Tabak dabei zu Boden fällt, hebt ihn Pawel nicht auf.

Nur der höfliche Gruß der Frau unterbricht das Schweigen, und als sie den Raum wieder verlässt, wird die bedrohliche Stille schier unerträglich. Olga sieht aus dem Fenster hinaus in Pawels Garten, wo die Katzen zwischen den Stockrosen schlafen. Hinter den Holunderbüschen beginnen die ehemaligen Felder des Vaters, die heute zum staatlichen Kombinat gehören.

Pawel hat Olgas Frage nicht beantwortet. Er starrt vor sich hin, als habe er Olga vergessen und halte sich allein in der Stube auf. Erst als sie sich, mehr aus Verlegenheit, räuspert, besinnt er sich ihrer Gegenwart und schiebt ihr, immer noch stumm, den Teller über den Tisch hin. Olga greift zu, dankt und beginnt ohne Appetit langsam zu kauen. Pawels Augen hängen an ihren Lippen, als habe er noch nie jemanden essen sehen. Und dann sagt er einen Satz, der Olga den Bissen im Hals stecken lässt.

Pawel sagt ihn mehr zu sich selbst, geradezu erstaunt und so leise, dass er kaum zu hören ist, aber er sagt ihn auf deutsch und Olga versteht jedes Wort: «Jetzt hat ein Feind von meinem Brot gegessen.»

Im gleichen Moment steht er auf, schenkt die Gläser voll, reicht eins davon Olga, prostet ihr zu, sagt: «Zdrowie pani!» und kippt ohne ihre Reaktion abzuwarten seinen Wodka hinunter.

Olga trinkt nicht, spürt nur das Brot zwischen den Zähnen und würde es am liebsten auf der Stelle ausspucken. So einen Empfang hatte sie nicht erwartet, am allerwenigsten von diesem Mann, der ihr in ihrer Jugend so vertraut war und von dem sie ihren Kindern gegenüber immer behauptete, er sei ihr ein Freund gewesen.

«Ich möchte gehen», sagt Olga jetzt, und die Wut in

ihrer Stimme ist unüberhörbar. «Es wäre weiß Gott besser gewesen, ich hätte Sie nicht aufgesucht.»

«Das stimmt nicht», antwortet Pawel und gießt sich abermals einen Wodka ein, «denn Sie haben doch immer noch keine Ahnung, warum ich damals Antek hieß. Oder wissen Sie es inzwischen?»

Olga schüttelt den Kopf. Ehrlich gestanden will sie es gar nicht mehr wissen. Sie will nur dieses Haus verlassen und diesen alten Mann, der sich über ihren Besuch nicht freut, sondern ihn dazu benutzt, ihr eins auszuwischen. Aber kaum macht sie Anstalten aufzustehen, legt ihr Pawel die Hand auf die Schulter und drückt sie fast liebevoll zurück auf den Stuhl.

«Ich gehörte damals zu den Dorfschullehrern, die später erschossen wurden.»

«Sie?» entfährt es Olga verwundert, «Sie waren Lehrer?»

«Ja», sagt Pawel und lächelt plötzlich sein altes, Olga so vertrautes Lächeln, «nicht alle Zwangsarbeiter auf den Gütern waren Knechte, wie ihr Deutschen immer geglaubt habt.» Und dann erklärt er ihr ausführlich, wie er unter Mühen geflohen sei, um der Erschießung zu entkommen.

«Es war der Verwalter Ihres Vaters, der mir half. Er stellte mich unter falschem Namen als Treckerfahrer ein und hat mir auf diese Weise das Leben gerettet. Nur konnte er nicht riskieren, mir eine Unterkunft zu geben. Also schlief ich über Jahre im Dachstuhl des Gesindehauses auf einem Strohsack unter den Dachpfannen. Das bedeutete im Sommer bei dreißig Grad Hitze und im Winter bei dreißig Grad Kälte die Nächte zu verbringen. Wie ich das so lange aushalten konnte, ist mir noch heute ein Rätsel. Gewaschen habe ich mich unter der Pumpe und im Winter bei den Batackis, die es als Zwangsarbeiter aus Kalisz hierher verschlagen hatte. Wenn die nicht dicht gehalten hätten, dann säße ich heute nicht mit Ihnen hier.»

«Das habe ich alles nicht gewusst», sagt Olga tonlos, und Pawel antwortet: «Ich weiß, aber Sie haben mich auch nie nach meinem Schicksal gefragt.»

«Hätten Sie es mir denn erzählt?»

Pawel dreht sein Glas in den Händen. Ganz offensichtlich fällt es ihm schwer zu reden, und es gelingt ihm nicht, Olga anzusehen.

«Vielleicht», sagt er schließlich, «vielleicht hätte ich es getan. Aber wer weiß, wofür es gut war, dass ich damals den Mund gehalten habe. Wichtig für mich ist nur, dass Sie nun endlich Bescheid wissen und deshalb danke ich Ihnen für Ihren Besuch.» Dann hebt er den Kopf, trinkt ihr zu und sagt, diesmal auf deutsch: «Auf Ihr Wohl, Pani Olga.»

Peter Wapnewski

Gymnasiasten
Ein Angebot von Freiheit

Nein, kein Schabernack, keine Schülerposse, keine Lehrer-
schnurre. Keine «Feuerzangenbowlen»-Fidelitas also –
wie sie gewissermaßen gesetzmäßig zur Schulwirklichkeit
gehört, spielerische Ausdrucksform eines Machtkampfes.
Denn alle Pädagogik ist die Auseinandersetzung zwischen
solchen, die Macht ausüben, und solchen, die als Bemäch-
tigte sich wehren. Die Kunst ist, die jeweils andere Partei
keinen Schaden nehmen zu lassen bei diesem bitterernsten
– und manchmal bitterbösen – Spiel. (Zuweilen – und das
sind die Glücksmomente für den Erzieher und die zu Er-
ziehenden – kann es indes auch ein heiteres sein.) Dies
ist vielmehr die Geschichte von einem, der sich bewährte,
als er nach herkömmlichen Maßstäben versagte, als er
«unvernünftig» handelte. Die Geschichte einer Schulklas-
se, die versagte, als sie nach herkömmlichen Maßstäben
«vernünftig» handelte.

Kiel, Sommer 1938. Die Untersekunda A fühlte sich wohl
im neu bestätigten Selbstgefühl: die Lehrer redeten uns
von dieser Klasse ab mit «Sie» an, das gab uns einen
Schein von Reife. Unser humanistisches Gymnasium be-
rief sich auch gern auf seinen ehrwürdigen Titel: «Alte
Kieler Gelehrtenschule», das fanden wir Schüler eher ko-
misch, unsere Lehrer aber meinten es ernst. Wenngleich
ihre Verwurzelung in der Tradition die meisten von ihnen
nicht hinderte, sich der neuen Zeit gefällig zur Verfügung
zu stellen. Heraklit und Braunhemd, Hölderlin und
Marschgesang, das ließ sich vereinigen und vereinbaren,

man musste es nur recht anfangen. Aber das ist eine andre Geschichte, sie ist schon oft erzählt, sie ist endlos.

«Sie kriegen», sagte der Klassenlehrer (er nannte sich fein «Ordinarius»), «Sie kriegen für die nächsten Wochen in Griechisch und Latein einen Referendar.» Das hörten wir gerne, es hieß: Die Jagd ist auf, denn mit dem untrüglichen Instinkt des Schwachen für den noch Schwächeren wussten Schüler, dass man mit Referendaren straflos umspringen, sie irritieren, bloßstellen, quälen kann. Der sich austobende Sadismus der Jungen und seine Folgen wird von der Obrigkeit jeweils ausgelegt als Mangel an pädagogischem Vermögen des anzulernenden Kollegen.

Der Referendar hieß Michel, hieß so mit Nachnamen. Kleinwüchsig, schmal, ein an römische Charakterzüge erinnerndes Gesicht mit also einem Anflug von Askese darin. Die Stimme leise, die Gestik lebhaft. Er trug den einen wie den anderen Tag das nämliche Jackett, einen Sakko, dessen Farbe auf unbestimmte Weise changierte, aber es dominierte ein lila-blauer Schimmer: Wir hatten Anlass, uns zu mokieren. Herr Michel machte mit uns durch, was andere Referendare auch durchgemacht hatten, keine Sache von Belang. Bis er eines Tages für eine Sensation sorgte. Wir hatten eine Klassenarbeit zu schreiben, und nun bot er an, was völlig absurd erschien und gegen alle Konventionen des Schüler-Lehrer-Verhältnisses verstieß, die prinzipiell gegebene und auf gegenseitigem Misstrauen gegründete Gegnerschaft ignorierte. Er bot uns an, nach Verlesen der Aufgabe, nach Verteilung des zu übersetzenden Textes den Klassenraum zu verlassen. Uns der eigenen Aufsicht anheimzugeben. Dies unter der Bedingung, dass wir treulich zusicherten, nicht voneinander abzuschreiben und uns auch sonst keiner unerlaubten Hilfsmittel zu bedienen.

Wir waren sprachlos, nahezu hilflos. Michel gab uns

Zeit zum Überlegen. Wir berieten uns, und tags darauf stand unser Klassensprecher auf (er war von massiger Statur und gewählt, weil er als Quartaner sich schon rasieren musste) und versicherte im Namen der Klasse: Man werde sich an die Bedingung halten, ja, wir seien entschlossen, nicht voneinander abzuschreiben.

Ich meine mich zu erinnern, dass Michels Züge verstohlen aufleuchteten, erhellt von einem Gefühl wie dem des Glücks. Er gab uns, als es so weit war, den zu übersetzenden Text, er räumte die Klasse. Als er nach der Stunde unsere Hefte einsammelte, tat er es wie im Triumph mit fast tänzerischen Bewegungen und lud uns allesamt ein zu sich nach Haus. Den gleichen Nachmittag schon, und es werde Kaffee und Kuchen geben.

Es gab Kaffee und Kuchen. Auch wir ließen uns nicht lumpen, wir sammelten Geld, und der Klassenprimus schenkte in unserem Namen Herrn Michel ein schönes Buch. Ich meine mich zu erinnern, dass es sich um den Wassergeusen-Roman von Martin Luserke handelte: keine schlechte Wahl, denn der Autor war auch ein verdienter Pädagoge.

Michels Wohnung war karg, sie lag auch nicht in einer Gegend, die man «die gute» nannte. Er lebte zusammen mit seiner Mutter, der Vater war tot, von Beruf Buchdrucker. So erfuhren wir es im Laufe dieses Nachmittags schrittweis. Eines Nachmittags, der anders war als Gastgeber und Gäste sich wohl vorgestellt hatten. Das schien an Herrn Michel zu liegen: Seine Stimmung war gedrückt, nichts mehr war zu merken von jener leichtfüßigen Heiterkeit, die ihn morgens noch deutlich bestimmt hatte, als er das Resultat des mit uns geschlossenen Paktes – zwanzig Hefte – in Händen hielt. Wortkarg und melancholisch und merklich gehemmt war er kein rechter Partner für unsere jungenhaften Albernheiten, unser pueriles Geplapper. Wir spürten wohl, dass da eine Veränderung vor sich gegangen war.

Und das war geschehen: Als der Lehrer die Klasse sich selbst überlassen hatte, waren wir erst wie gelähmt. Weil wir eben durch das Unerhörte, das zutiefst Regelwidrige, den Verstoß gegen das Gesetzwerk des Gewohnten uns selbst entfremdet waren. Ein Vorgang, der seiner Natur nach der Fremdkontrolle unterworfen ist, sollte nun unserer eigenen Kontrolle anvertraut sein. Wir waren aufgerufen, autonome Menschen zu sein, uns selbst verantwortlich, und allein uns. Ein Angebot von Freiheit. Aber das Andere war stärker – das uns eingeschliffene Ritual. Es obsiegte das System.

Ein Versprechen zwar hatten wir ihm gegeben, aber mit dialektischer List meinten wir, uns seiner bindenden Wirkung entziehen zu können. «Abschreiben», das hieß «abgucken»; und das – so hatten wir es versprochen – würden wir nicht. Einer von uns aber löste den Bann, er hatte den befreienden Einfall: uns die richtige Übersetzung des heiklen Textes zuzurufen, gewissermaßen einander «abzuhören». Dieser Casus war vom Wortlaut unseres Vertrags nicht erfasst, das also durften wir uns erlauben.

Und so geschah es, und keiner war da, der das Schäbige unsres Tuns laut machte, der versucht hätte, uns zu bewahren vor unserem Absturz in die eigene schlaue Nichtigkeit.

Als Michel uns bewirtete mit Kaffee und Kuchen, hatte er im ersten Überschwang seines vermeintlichen Erfolgs unsere Arbeiten schon durchgesehen – und war unserm perfiden Verhalten auf die Spur gekommen, gemeinsame Fehler bewiesen das gemeinsam praktizierte Komplott. Es war ein zaghaftes, ein verzagendes Lächeln, mit dem er uns entließ, als es Abend wurde. Und wir gingen mit einem beklommenen Gefühl nach Hause, vielleicht nicht ohne Ahnung, aber doch unwissend.

Der Rest ist bald erzählt. Die Klassenarbeit wurde nicht gewertet, es gab keine Zensuren, die nächste stand unter der gewohnten misstrauenden Aufsicht. Im Kollegium aber hatte Michel einen schweren Stand, den von den Schülern Verlassenen verließen nun auch die Kollegen, ihm wurden mit dem Pathos der besserwissenden Erfahrung die ernstesten Vorhaltungen gemacht, und die Obrigkeit maßregelte ihn.

Im Jahr darauf gab es Krieg. Michel wurde Soldat, wir wurden Primaner. Eines Tages hieß es, er sei gefallen, den Heldentod gestorben wie so viele. Auch aus den Sekundanern des Jahres 1938 wurden Soldaten. Einige von uns haben überlebt.

Klaus Harpprecht

Antisemiten
«Die Herren müssten nur in den Spiegel schauen»

Als Kind hatte ich niemals einen Juden gesehen. Oder?
Woher wusste ich, dass man einen Juden als Juden erkennt? Fing es nicht damit an? Zeigte nicht meine Gewissheit, dass sich die Bilder des Hasses auch in meine Kinder-
Seele gedrängt hatten? Jede Plakatwand, jede Zeitschrift
und jede Zeitung war von den Schmähbildern mit den
krummen Nasen und krummen Beinen besetzt. Die Ste-
reotypen hatten auch Eingang in unsere Schulbücher gefunden.

Neben dem Pfarrhaus, in dem ich aufwuchs, unterhielt
der Stadt-Kapellmeister, der am Samstag-Abend immer
betrunken war, seinen Musikalien-Laden. Sein Nachbar
war der Herren-Frisör. Irgendwann saß ich, wie so oft, auf
dem Stühlchen hinter dem Fenster und wartete, bis ich
für den üblichen Radikalschnitt an der Reihe war: keine
Schmachtlocken, um Gottes Willen nicht. Der Meister
klapperte mit der Schere. Ich blätterte in einer der Zeitungen, die für die Kundschaft ausgehängt waren, und schaute
auf die Karikaturen. Die Juden erinnerten mich an den
Stadt-Kapellmeister nebenan, der die Preußischen Mär-
sche und die Lieder der Sturm-Abteilungen des Führers
mit seinen kurzen Armen so flott dirigierte. Die Ähnlich-
keit machte mich lachen.

Plötzlich stand der Vater im Laden. Er riss die Zeitung
fort. Ehe ich die Hände hochwerfen konnte, hatte ich eine
Ohrfeige. «Dieses Schweineblatt nimmst du nicht in die
Hand!» schrie der Vater. Es war der «Stürmer», herausgegeben von Julius Streicher, Gauleiter von Franken, der

von einem pathologischen Hass gegen die Juden besessen war. Er hatte ein krankes Gehirn, und er sah nicht aus wie das Musterbild eines nordischen Menschen. Aber das galt für die meisten der anderen Parteigrößen auch, ob Heinrich Himmler oder Joseph Goebbels. Der Vater sagte oft, die Herren müssten nur in den Spiegel schauen, um ihre Rassenlehre widerlegt zu sehen.

Nein, ich kannte keine Juden. Damals war ich zehn Jahre alt. Drei oder vier Jahre später, es war schon Krieg, durfte ich dann und wann fürs Theater, für eine Oper oder ein Konzert in die Hauptstadt unseres Ländchens reisen. Wenn Zeit bis zum Einlass war, streunte ich durch die Straßen.

Einmal starrte ich in den Schaukasten eines Nacht-Lokals, in dem schöne Damen mit nackten Brüsten prangten. Als ich den Kopf hob, sah ich eine alte Frau, die mir entgegenkam, gebrechlich, die Züge verhärmt, die Augen weit geöffnet. Unsere Blicke trafen sich nur für Sekunden. Hinterher glaubte ich, in ihrem Gesicht eine fragende Angst zu erkennen. Hastig lief sie an mir vorbei. Sie trug den gelben Stern.

Hartmut von Hentig

Hans und Sophie Scholl
Etwas, das ich selber hätte tun können

Sehr geehrter Herr von Hentig.
In dem Fragebogen des Magazins der Frankfurter Allgemeinen Zeitung haben Sie auf die Frage nach Ihren « Helden in der Wirklichkeit » geantwortet : « Männer und Frauen wie Henning von Treskow, Sophie Scholl, Janusz Korczak ». Das Wort « Held » ist in meiner Generation – ich bin Jahrgang 1974 – nicht mehr gebräuchlich, aber ich stelle mir vor, es meint hier nichts anderes als eine Person, die durch Tapferkeit herausragt, eine Person, die man bewundert und sich zum Vorbild nimmt. Von den genannten Personen weiß ich fast nichts. Ich habe ihre Namen im Unterricht gehört : Sie haben auf verschiedene Weise ihr Leben gegen Hitler eingesetzt und verloren. Das ist achtungsgebietend, ja erschütternd. Aber können Menschen, die solchermaßen gescheitert sind, Vorbild für uns sein? Können tragische Gestalten aus der Ausnahmesituation der absoluten Diktatur als Leitfiguren in der normalen Demokratie dienen, in der möglichst überhaupt keine Helden nötig sein sollten?
Bitte schreiben Sie mir, wie Sie Ihre Wahl begründen!
Mit freundlichen Grüßen bin ich Ihr F. P.

Sehr geehrter Herr P.
Lassen Sie mich, statt eine « Begründung » zu geben, erzählen, wie ich eine der genannten Gestalten erlebt habe.
Im Jahre 1952 – ich war Student der Alten Sprachen an der University of Chicago – bekam ich aus Deutschland ein schmales, in schwarzes Leinen gebundenes Buch geschickt :

«Die Weiße Rose» von Inge Scholl. Beim Blättern fielen mir zuerst die Gesichter der darin abgebildeten jungen Menschen auf. Mit solchen wäre ich gern befreundet gewesen – zumal in den Hitlerjahren. Dann las ich, las, wie diese idealistischen Studenten, die zunächst mit der neuen Zeit zu gehen bereit waren, enttäuscht und zu Widerstandskämpfern gegen die Nazis wurden – erst unwillig aufbegehrend, dann das Regime planmäßig unterminierend mit der Entschlossenheit derer, die die Lüge durchschaut und das Böse erkannt haben, mit der Klugheit derer, die wissen, dass die totale Herrschaft dem Aufstand einzelner keine Chance lässt: sie würde diese stillschweigend zermalmen.

Ich hätte damals jedes Buch verschlungen, das vom deutschen Widerstand gegen die Nazis handelte; erhoffte ich mir doch Antwort auf die Frage: Warum waren es so wenige, die sich gegen Unrecht und Unmenschlichkeit erhoben, – was hat die einen kühn und was hat die anderen so willfährig gemacht? Vollends dieses Buch! Es zeigte mir etwas anderes als was ich bisher kannte: den mutwilligen Opfergang einer Antigone, der den Machthaber ins Unrecht setzt, oder das Attentat von Generalen und Bombenlegern, das den Tyrannen beseitigt – beides bewundernswert, aber mir und dir nicht möglich. Es zeigte etwas, das ich selber hätte tun können, wäre ich zwei oder drei Jahre älter gewesen.

Ich las das Buch auf der Stelle noch einmal – nun mit uneingestandener Aufmerksamkeit auf die Stellen, an denen Bewährung gefordert war, die Bewährung von Erkenntnis, Entscheidung, Tat – und der Verzicht auf jegliche Sicherheit. Der Auftrag, den die kleine Gruppe von Freunden sich gegeben hatte, war beschämend einfach: Die Wahrheit ausrufen, bis jeder sie wusste. Die Ausführung dieses Auftrags war beunruhigend notvoll. Ich kehrte immer wieder zu den Seiten zurück, auf denen konkret geschildert wurde: das geduldige Vervielfältigen der Flugblätter in einem Keller; die nächtlichen Fahrten in die Großstädte – nach Frankfurt, Stuttgart, Wien, Freiburg, Saarbrücken, Mannheim, Karlsruhe – in den verdunkelten kalten Zügen, die Koffer mit den abgezogenen Briefen der Weißen Rose am anderen Ende des Wagens an unauffälliger Stelle deponiert wegen der unablässigen Streifen, die die Reisenden und manchmal auch das Gepäck kontrollierten; das bange Warten auf den Freund, den Bruder, die Schwester; die Abreden für den Fall, dass einer von ihnen ertappt und verhört würde; das schmerzliche Bewusstsein von der Einsamkeit ihrer Taten und Gedanken; das Wissen davon, was «die» mit ihnen, den Landes- und Hochverrätern machen werden, wenn die Verschwörung auffliegt.

Ich versuchte, mir vorzustellen, wie ich – nein, nicht ihre Überzeugungen und Absichten teile, das fällt nicht schwer, sondern – diesen die Treue halte; wie ich der ständigen Versuchung widerstehe, den gefährlichen Auftrag abzuschütteln, in das normale Leben (das hart genug war!) zurückzukehren, mich wieder einzureihen unter die Volksgenossen und Volksgenossinnen; wie ich mir die Ausflucht versage: Die seien ja doch nicht zu bewegen. Ich versuchte, mir klarzumachen, was das ist: So zu handeln, weil ich es für richtig erkannt habe, und nicht, weil es dies oder das bewirkt. Wer konnte damals so etwas wissen?!

Eine Frau, die in den gleichen Jahren wie Hans und Sophie Scholl in München studierte und in der Zeit im Hause meiner Mutter wohnte, hat später erzählt, in welch ungeheure Erregung es sie versetzte, als sie eines Tages im Januar 1943 das Wort FREIHEIT in großen schwarzen Buchstaben an den Wänden der Universität geschrieben sah. Das Herz sei ihr in den Hals gesprungen, und sie habe plötzlich gewusst: Es gibt Menschen, die dasselbe denken und wünschen wie du selbst – und sie haben das Unvorstellbare gewagt!

Wo schon dies *gelesen* zu haben gefährlich war – verlangte es doch, dass man auf der Stelle Anzeige erstattete und Empörung zeigte –, hätte ich so etwas *schreiben* können? Wie oft hätte ich es tun, die alsbald entfernten Zeichen wiederholen müssen, damit die Studenten und Münchner Bürger merkten: Hier sind wir aufgerufen, das Wort meint uns!? Ich versetzte mich in die Zeit zurück: Ich hebe ein Flugblatt auf; ich lese es hastig… Gebe ich es weiter? Vernichte ich es? Was tue ich, wenn man mich danach fragt?

Wie klein waren meine Erwartungen an mich, verglichen mit dem, was Hans und Sophie und ihre Freunde getan haben – und noch getan hätten, wenn der Pedell sie nicht verhaftet hätte. Aber alles «umsonst»? Wer gelesen hat, wie sie in den Tod gingen, wird nicht mehr sagen, dass sie gescheitert seien.

Vor zwei Wochen bin ich abends tatsächlich an den Platz vor der Münchner Universität gekommen, der nach den Geschwistern Scholl benannt ist. Auf ihm lagen bedruckte Blätter verstreut. Als ich mich bückte, um eines aufzuheben, war es – wie die anderen – ein in das Pflaster eingelassenes Flugblatt der Weißen Rose auf weißen Stein gedruckt. Diese Blätter richten heute die Fragen, die ich eben an mich gerichtet habe, an uns alle. Wer kann sie mit Sicherheit beantworten? Ich nicht. Aber ich kann nun wenigstens Ihre Frage beantworten – die nach dem Grund meiner Helden-Wahl. Man braucht in der Tat verschiedene Vorbilder für verschiedene Situationen – andere für 1932/33, andere für 1943/44, andere für 2002/03. Wenn Sie mir sagen, wofür Sie ein Vorbild brauchen, werde ich Ihnen vielleicht eines nennen können, nicht mit Gewissheit! Wofür man Vorbilder braucht (und nicht nur wünscht), hängt davon ab, was für einer man ist. Mir beispielsweise scheinen sie auch für den Alltag unserer Demokratie nützlich, aber da sind sie nicht unentbehrlich, da komme ich meist mit Intelligenz und Anstand aus. Ich brauche Vorbilder vor allem für die schreckliche Stunde der Bewährung. An denen, die wir zu unseren Helden machen, erkennen wir, was wir uns nicht zutrauen – was wir gerne wären und nicht sind.

Wir täten gut, eine Politik zu machen, die uns solche Bewährung erspart. Aber damit ist nicht zu rechnen, und so bin ich dankbar, dass es die Weiße Rose gab.

Es grüßt Sie herzlich Ihr H. H.

Barbara Beuys: * 1943; Schriftstellerin; lebt in Köln. Bücher u.a. «Und wenn die Welt voll Teufel wär» (Luthers Glaube und seine Erben) 1982, «Denn ich bin krank vor Liebe» (Das Leben der Hildegard von Bingen) 2001, «Der Preis der Leidenschaft» (Chinas große Zeit: das dramatische Leben der Li Qingzhao) 2004.

Elisabeth Borchers: * 1926 Homberg (Niederrhein); Dichterin, Übersetzerin, Lektorin; lebt in Frankfurt a. M.; Bücher u. a. «Alles redet, schweigt und ruft» (Gesammelte Gedichte) 2001; «Lichtwelten, Abgedunkelte Räume» (Frankfurter Poetikvorlesungen) 2003.

Karl Dedecius: * 1921 Lodz; Schriftsteller und Übersetzer, Leiter des Deutschen Polen-Instituts; lebt in Frankfurt a. M.; Bücher u. a. «Lektion der Stille. Neue polnische Lyrik» 1959 und «Von Polens Poeten» 1988, «Polnische Bibliothek», 50 Bände, «Panorama der polnischen Literatur des 20. Jahrhunderts», 7 Bände. «Mein Russland in Gedichten» 2003.

Friedrich Christian Delius: * 1943 Rom; Schriftsteller; lebt in Berlin; Bücher u. a. «Die Birnen von Ribbeck» 1991, «Der Spaziergang von Rostock nach Syrakus» 1995.

Caspar Faber: * 1958 Buenos Aires; Lehrer und Redakteur; lebt in der Nähe von Hamburg.

Günter Grass: * 1927 Danzig; Schriftsteller; lebt in Berlin; Bücher u. a. «Die Blechtrommel» 1959, «Katz und Maus» 1961, «Ein weites Feld» 1995, «Im Krebsgang» 2002.

Ludwig Harig: * 1927 Sulzbach (Saarland), wo er noch wohnt; Schriftsteller; Bücher u. a. eine autobiographische Romantrilogie; zuletzt Essays und Reden einer Werkausgabe.

Klaus Harpprecht: * 1927 Stuttgart; Journalist und Schriftsteller; lebt in La Croix Valmer (Frankreich); Bücher u. a. «Die Lust der Freiheit. Deutsche Revolutionäre in Paris» 1989, «Harald Poelchau. Ein Leben im Widerstand» 2004.

Hanno Helbling: * 1930 Zuoz (Engadin); Kritiker, Übersetzer, Publizist; lebt in Rom; Bücher u. a. «Unterwegs nach Ithaka; Essays,

Feuilletons, Reiseblätter» 1988, «Tristans Liebe. Abendstücke» 1991.

Hartmut von Hentig: * 1925 Posen; Professor für Pädagogik; lebt in Berlin; Bücher u. a. «Die Schule neu denken. Eine zornige aber nicht eifernde, eine radikale aber nicht utopische Antwort auf Hoyerswerda und Mölln, Rostock und Solingen» 1993.

Walter Jens: * 1923 Hamburg; Professor der Rhetorik; lebt in Tübingen; Bücher u. a. «Statt einer Literaturgeschichte» 1957/78, «Republikanische Reden» 1976.

Ursula Krechel: * 1947 Trier; Schriftstellerin; lebt in Berlin; Bücher u. a. «Sizilianer des Gefühls» (Erzählung) 1983, «Landläufiges Wunder» (Gedichte) 1995, «Der Übergriff» (Erzählung) 2001, «In Zukunft schreiben» 2003.

James Krüss: * 1926 Helgoland; † Gran Canaria; Schriftsteller; Bücher u. a. «Mein Urgroßvater und ich» 1959, «Timm Thaler» 1964; «James' Tierleben» 1965 /2003.

Hans Maier: * 1931 Freiburg (Breisgau); Professor für Politische Wissenschaft; lebt in München; Bücher u. a. «Revolution und Kirche» 1959 und «Die christliche Zeitrechnung» 1991.

Jochen Missfeldt: * 1941 Satrup (Schleswig); Schriftsteller; lebt in Nordfriesland; Bücher u. a. «Solsbüll» (Roman) 1989, «Gespiegelter Himmel» (Roman) 2001.

Adolf Muschg: * 1934 Zollikon (Schweiz); Professor für Germanistik und Schriftsteller; lebt in Männedorf bei Zürich; Bücher u. a. «Albissers Grund» 1974 und «Der rote Ritter. Eine Geschichte von Parzivâl» 1993.

Sten Nadolny: * 1942 Zehdenick (Havel); lebt in Berlin; Bücher u. a. die Romane «Die Entdeckung der Langsamkeit» 1983, «Ein Gott der Frechheit» 1994, «Ullsteinroman» 2004.

Leonie Ossowski: * 1925 Ober-Röhrsdorf (Schlesien); Schriftstellerin; lebt in Berlin; Bücher u. a. die Romane «Weichselkirschen» 1967, «Wolfsbeeren» 1987, «Holunderzeit» 1991, «Das Dienerzimmer» 1999.

Otfried Preußler: * 1923 Reichenberg (Böhmen); Schriftsteller; lebt in

Stephanskirchen (Oberbayern); Bücher u.a. «Der Räuber Hotzenplotz» 1962, «Die Abenteuer des starken Wanja» 1968, «Krabat» 1981.

Herbert Rosendorfer: * 1934 Bozen; Richter a.D. und Schriftsteller; lebt in Südtirol; Bücher u. a. «Briefe in die chinesische Vergangenheit» 1983, «Die Goldenen Heiligen» 1992.

Sybil Gräfin Schönfeldt: * 1927 Bochum; Schriftstellerin, Journalistin und Übersetzerin; lebt in Hamburg; Bücher u. a. «Sonderappell. 1945; Ein Mädchen berichtet» 1979.

Jens Sparschuh: * 1955 Karl-Marx-Stadt (Chemnitz); Schriftsteller; lebt in Berlin und in der Mark Brandenburg; Bücher u.a. «Der Zimmerspringbrunnen» 1995 und «Eins zu eins» 2003.

Jörg Steiner: * 1930 Biel/Bienne (Schweiz); Schriftsteller; lebt in Biel; Bücher u. a. «Schnee bis in die Niederungen» (Erzählung) 1973 und «Weissenbach und die anderen» (Roman) 1994.

Guntram Vesper: * 1941 Frohburg (Sachsen); Schriftsteller und Privatgelehrter; lebt in Göttingen; Bücher u. a. «Fortdauer des Augenblicks» (Prosa) 1995, «Das Atmen der Bilder» (Prosa) 1997, «Frohburg» (Gedichte) 2000, «Wer ertrinkt kann auch verdursten» (Prosa) 2002.

Günter Wallraff: * 1942 Burscheid; Schriftsteller; lebt in Köln; Bücher u. a. «Ihr da oben – wir da unten» 1973, «Der Aufmacher. Der Mann, der bei BILD Hans Esser war» 1977 und «Ganz unten» 1986.

Peter Wapnewski: * 1922 Kiel; Professor der Germanistik; lebt in Berlin; Bücher u. a. «Der traurige Gott; Richard Wagner in seinen Helden» 1978, «Zumutungen; Essays zur Literatur des 20. Jahrhunderts» 1979.

Eva Zeller: * 1923 Eberswalde; Schriftstellerin; lebt in Berlin; Bücher u. a. «Solange ich denken kann. Autobiographischer Roman» 1986. Der vorliegende Text steht leicht abgewandelt in «Die Lutherin; Spurensuche nach Katharina von Bora».

Inhaltsverzeichnis

Elisabeth Borchers: Der Faust des Vaters 9
Herbert Rosendorfer: Karl der Große 12
Hartmut von Hentig: Salomon Maimon 14
James Krüss: Die Flüchtlingsmutter 20
Hartmut von Hentig: Marion Gräfin Dönhoff 21
Caspar Faber: Liselotte von der Pfalz 28
Sten Nadolny: ICE-Fahrer 34
Ursula Krechel: Rosa Luxemburg 38
Sten Nadolny: Der Übermensch 43
Jörg Steiner: Frieda Hiermeyer, 87 Jahre 47
Friedrich Christian Delius: Luise von Preußen 49
Jens Sparschuh: Immanuel Kant 53
Sten Nadolny: Hans im Glück 58
Karl Dedecius: Der Stalingradsoldat 61
Sybil Gräfin Schönfeldt: Die Großmutter 67
Hartmut von Hentig: Johann Peter Hebel 71
Sten Nadolny: Johannes Gutenberg 78
Herbert Rosendorfer: Wilhelm II. 83
Jens Sparschuh: Rübezahl 86
Sten Nadolny: Friedrich List 90
Hartmut von Hentig: Baltendeutsche 96
Hanno Helbling: Otto von Bismarck 102
Günter Wallraff: Lauter Deutsche 106
Günter Grass: Willy Brandt 113
Hartmut von Hentig: Marx und Engels 116
Walter Jens: Dichter 122
Adolf Muschg: Umsiedler 126
Otfried Preußler: Die Dangls 136
Hartmut von Hentig: Johann Sebastian Bach 139
Caspar Faber: Martin Luther 143
Sten Nadolny: Der Oberlehrer 148
Ludwig Harig: Romantiker 152

Guntram Vesper: Gerhart Hauptmann 158
Hartmut von Hentig: Der Pflichtmensch 164
Sten Nadolny: Karl Friedrich Hieronymus Freiherr
    von Münchhausen 168
Hartmut von Hentig: Franz Schubert 173
Eva Zeller: Katharina von Bora 179
Sten Nadolny: Ulrich von Hutten 182
Hans Maier: Konrad Adenauer 186
Hartmut von Hentig: Lili Marleen 190
Sybil Gräfin Schönfeldt: Maria Theresia 195
Hartmut von Hentig: Königskinder 202
Jochen Missfeldt: Brunhilde, Siegfried, Gunther,
    Kriemhild 209
Barbara Beuys: Hildegard von Bingen 213
Leonie Ossowski: Die Nichtgefragthabenden 217
Peter Wapnewski: Gymnasiasten 222
Klaus Harpprecht: Antisemiten 227
Hartmut von Hentig: Hans und Sophie Scholl 229

Die Autorinnen und Autoren des Buches 235